Société Civile d'Enseignement Libre de Clermont-Ferrand

ÉCOLE MASSILLON

NOS GLORIEUX ANCIENS

Omnes isti in generationibus gentis suæ gloriam adepti sunt et in diebus suis habentur in laudibus.

CLERMONT-FERRAND

IMPRIMERIE MODERNE, A. DUMONT, D^r

15, Rue du Port, 15

1919

NOS GLORIEUX ANCIENS

ÉCOLE MASSILLON

NOS GLORIEUX ANCIENS

Omnes isti in generationibus gentis suæ gloriam adepti sunt et in diebus suis habentur in laudibus.

CLERMONT-FERRAND

IMPRIMERIE MODERNE, A. DUMONT, D'
15, Rue du Port, 15

1919

A Sa Grandeur
Monseigneur MARNAS,
Évêque de Sura,
Coadjuteur de Clermont.

MONSEIGNEUR,

J'ai cru pouvoir appliquer à nos anciens, morts sur le champ de bataille, le texte de l'Ecclésiastique que, dans la fête des saints d'Auvergne, nous aimons à répéter en célébrant la mémoire de ceux qui, par leurs exemples, leurs paroles, leur vie entière ont sanctifié la terre que nous habitons. Bien qu'ils soient morts jeunes, je pense pouvoir dire de nos « glorieux anciens » ce que l'auteur inspiré affirmait de ces hommes qui « au milieu de leur génération ont acquis la gloire et restent l'objet de la louange : *Omnes isti in generationibus gentis suae gloriam adepti sunt et in diebus suis habentur in laudibus.*

Nos deux premiers volumes ont été dédiés à nos élèves de Massillon qui en ont éprouvé une réelle satisfaction et ont profité des leçons qui y sont contenues. Je sais répondre aux vœux les plus ardents de nos enfants et à leurs désirs les plus chers en priant Votre Grandeur d'agréer le filial et respectueux hommage de ce nouveau travail.

Dans ce diocèse où le Saint Père vient de Vous envoyer comme coadjuteur de S. G. Mgr Belmont, l'Ecole Massillon occupe une place bien particulière. C'est la maison de l'Evêque dans laquelle se sont formés un grand nombre de prêtres, où se sont élevées plusieurs générations de catholiques dévoués, qui a donné d'excellents français. Elle a d'ailleurs tellement souffert, durant ces dernières années et affirmé si nettement sa volonté de vivre qu'elle devient chère à quiconque cherche le bien du diocèse et la grandeur de la petite patrie.

Les évêques qui se sont succédés depuis la révolution française, sur le siège de St-Austremoine, ont prodigué au Petit Séminaire les marques les plus sensibles de leur bienveillance. Les bénédictions que Votre Grandeur voudra bien nous donner, l'intérêt qu'Elle portera à notre organisation, en veillant à son bon fonctionnemen, nous permettent d'espérer une ère nouvelle de prospérité.

Les jeunes gens auxquels nous consacrons quelques pages de ce volume, n'appartiennent pas tous à notre diocèse, mais ils sont bien nôtres car ils ont gardé fidèlement le souvenir des années passées parmi nous et ils ont emporté l'affection de leurs maîtres. Les principes qui ont présidé à leur éducation dans cette maison, ont complété, développé et fortifié les habitudes contractées au sein de leurs familles éminemment chrétiennes et leur conduite a fait l'admiration de ceux qui les virent. Ils aimaient ardemment le foyer paternel et cependant ils l'ont quitté sans hésitation pour courir vers la frontière injustement attaquée, indignement violée. Ils ont accepté les fatigues de la guerre, ils ont enduré les privations et les souffrances, ils ont encouragé leurs compagnons d'armes ou soutenu l'ardeur de leurs hommes, ils ont donné leur vie pour le triomphe de la Justice et je suis sûr qu'en mourant ils pensaient à nous, à leurs jeunes camarades qu'ils souhaitaient aussi généreux qu'eux-mêmes et en répandant leur sang ne travaillaient-ils pas au bien de votre diocèse en voulant rendre meilleurs, vos enfants de Massillon ?

Ils se sont couverts de gloire et ils seront toujours l'objet de nos louanges. Nos jeunes voudront les imiter, ils sauront continuer leur œuvre de libération et d'affranchissement, ils se prépareront par la prière et l'action à relever les ruines accumulées, à donner à la France des hommes instruits et énergiques, à l'Eglise des enfants soumis et dévoués et ensemble nos glorieux morts maintenant près de Dieu et tous nos chers enfants diront à Jésus comme nous le faisons nous-mêmes : Vous savez, ô divin Maître, que notre évêque vous aime. « *Tu scis quia amo te.* » faites que groupés autour de Lui, dociles à ses instructions, prévenants pour ses désirs, nous vous aimions de toute notre âme et soyons toujours prêts à faire votre sainte volonté. Nous contribuerons ainsi dans la mesure de nos forces à la gloire de l'Eglise et à la prospérité de la France.

J. CHAMBOISSIER.

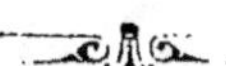

L'ABBÉ

Joseph BACHELARD

(1886-1914)

Le clergé du diocèse de Clermont a inscrit dans son glorieux martyrologe de guerre, le nom de trente-trois de ses membres : vingt-trois prêtres et dix séminaristes.

C'est à deux élèves de la Maîtrise que revient le privilège de figurer en tête de la liste des séminaristes et des prêtres qui ont donné leur vie pour la patrie : l'abbé Ballot est le premier séminariste de Clermont, tué sur le champ de bataille, l'abbé Bachelard est le premier prêtre qui ait succombé au cours de la guerre.

La Maîtrise se trouve ainsi par eux la première à l'honneur.

Avant de venir à la Maîtrise, l'abbé Bachelard avait été formé à la piété et à l'étude par un prêtre aussi modeste que vertueux, M. l'abbé Morges, curé de Coheix, ancien professeur du Petit Séminaire.

Sévère pour lui-même, inflexible sur les principes, intransigeant avec le devoir, le maître laissa dans son disciple une profonde empreinte. Pendant toute sa vie, l'abbé Bachelard éprouvera une sorte d'obsession du devoir.

Il appréhendera de ne pas faire assez bien, de n'être pas à la hauteur de sa tâche. Il apportera à l'accomplissement de ses devoirs de piété — les premiers pour lui — particulièrement à la récitation de son bréviaire, une délicatesse si grande, qu'elle sera parfois pour son âme un objet de perpétuelles et très vives inquiétudes.

De ces troubles de conscience, par lesquels Notre-Seigneur voulut l'éprouver et le sanctifier, rien ne paraissait au dehors. C'était le confrère toujours aimable, plein de gaieté et d'entrain, qui se fut reproché de jeter une note triste dans le cœur de ceux avec lesquels il vivait.

C'était pour lui une forme du devoir dont l'abbé Morges lui avait si vivement inculqué la notion.

Le maître et l'élève s'étaient compris.

Certes, la méthode du maître était souvent rude et austère. On pouvait en souffrir, mais on ne pouvait pas s'y soustraire tant était grand l'ascendant de celui qui n'exigeait des autres que ce qu'on lui voyait pratiquer lui-même.

L'abbé Bachelard était d'ailleurs préparé à recevoir une pareille formation.

Il était né à Coheix, en 1886, dans une famille patriarcale qui avait donné des confesseurs à l'Eglise à l'époque de la Révolution et qui compte encore aujourd'hui dans ses rangs des religieuses et des missionnaires.

On sentait en lui cette profonde éducation familiale fortement orientée vers Dieu, si rare à notre époque et que rien ne saurait suppléer.

Il était encore bien jeune lorsqu'il ressentit le premier attrait qui le portait vers l'autel ; déjà, en voyant une de ses sœurs aînées entrer au noviciat des Dames du Bon Pasteur, il se dit dans son cœur d'enfant : « Moi aussi je veux me consacrer au bon Dieu ; un jour je serai prêtre ! »

Peu à peu l'appel divin se précise davantage ; pour être prêtre, il faut être sage, pieux, obéissant... et le petit Joseph s'efforce d'être chaque jour plus sage, plus pieux, plus obéissant ; — pour être prêtre, il faut se renoncer, se sacrifier, s'attacher, comme Jésus, à la Croix..... Joseph ne comprend pas bien encore tout ce que cela veut dire, — comme il le comprendra plus tard ! — mais déjà, en baisant son crucifix, en le pressant sur son cœur, il accepte d'être victime, s'il le faut pour être prêtre.

Ces premiers germes de vocation n'échappèrent pas aux regards vigilants et attendris des parents si chrétiens du jeune enfant. Du fond de leur cœur, ils remercièrent Dieu d'avoir choisi un de ses élus dans leur nombreuse famille et ils regardèrent comme un grand honneur de pouvoir donner un de leurs fils à l'Eglise.

C'est à cette époque — en 1894 — que l'abbé Morges arrivait à Coheix.

Il se donna tout entier à sa nouvelle paroisse ; il lui consacra sans réserve son temps, sa peine, sa santé qui était alors florissante. Ses paroissiens répondirent à son dévouement par un attachement profond et une confiance pleine et entière. Pour toutes les difficultés qui se présentaient, pour toutes les affaires importantes, il était le conseiller toujours consulté et toujours écouté. Du reste, aucune démarche ne lui semblait pénible et rebutante, lorsqu'il s'agissait de servir les intérêts de ses paroissiens. Les habitants de Coheix conservent le souvenir reconnaissant de l'activité avec laquelle il s'employa à leur procurer des secours à la suite du double incendie qui désola cette localité il y a quelques années.

S'il s'occupait volontiers des intérêts matériels de ses paroissiens, leurs intérêts spirituels lui tenaient bien plus à cœur.

Il ne négligeait rien pour rehausser l'éclat du culte. Avec le concours de ses paroissiens, toujours prêts à le seconder, il avait réparé et meublé sa petite église, qui était admirablment décorée aux jours de fête. Il craignait toujours de ne pas faire assez pour cette paroisse si religieuse où il avait la joie — bien douce au cœur d'un pasteur — de voir tous les hommes remplir leurs devoirs religieux.

Son zèle s'exerçait surtout à l'égard des enfants. Naturellement, il discerna bien vite le petit Joseph Bachelard et fut heureux d'être auprès de lui le représentant de Dieu pour guider ses premiers pas dans la voie du sacerdoce et lui faire comprendre — dans la mesure où le comportait son âge — la grandeur et la sainteté de la vocation à laquelle il était appelé.

D'un commun avis, pasteur et parents, décidèrent d'envoyer Joseph à la Maîtrise. Il y fut conduit par son compatriote, guère plus âgé que lui, M. l'abbé Antonin Quinty, actuellement professeur d'histoire au Collège de Courpière, avec lequel il devait garder toute sa vie les plus affectueuses et les plus cordiales relations.

Après de brillantes études à la Maîtrise, l'abbé Bachelard entra avec joie au Grand Séminaire de Montferrand.

C'était l'heure troublée et tragique de la loi de Séparation de l'Eglise et de l'Etat.

L'abbé Bachelard devait faire son Grand Séminaire au cours des péripéties multiples que traversa cette maison de 1905 à 1910.

Tout d'abord ce fut le vieux Séminaire de Montferrand, déjà tout embaumé de vertus par les Saintes Ursulines qui l'habitèrent avant la Révolution, et qui pendant tout le dix-neuvième siècle, fut témoin de la formation sacerdotale du clergé de Clermont, qui garde si profondément au cœur le souvenir reconnaissant des vénérés prêtres de Saint-Sulpice qui y furent leurs professeurs, leurs directeurs et leurs pères.

Puis, ce fut l'expulsion..... en 1906.

C'était au cours d'un hiver terrible qui dura quatre mois sans que la neige ne cessât de recouvrir le sol non seulement de nos montagnes, mais encore de nos plus fertiles vallées.

Il fallait pourtant aviser au plus vite à la continuation de la formation intellectuelle et morale des jeunes clercs.

Dès le milieu de janvier les élèves de philosophie purent reprendre leurs études au Collège de Courpière.

L'abbé Bachelard faisait partie de ce groupe. Dans une lettre datée du 20 juillet 1907, il fait part à une de ses sœurs, de ses impressions de Courpière :

« Coheix, le 20 juillet 1907. — Ce n'est pas plus de
« Courpière mais bien de Coheix que je vous écris.
« Mercredi avait lieu la distribution solennelle des
« prix, présidée par Monseigneur ; et à dix heures,
« après avoir dit un suprême adieu à Courpière, je
« prenais le train pour Clermont.

« D'ordinaire, on est heureux d'aller en vacances, et
« Dieu sait si les petits collégiens soupiraient après le
« jour tant désiré des prix. C'est bien légitime, n'est-
« ce pas ? Moi aussi j'étais content d'aller respirer l'air
« du pays natal... je dois vous dire cependant que ce
« n'est pas sans un profond sentiment de tristesse que
« j'ai franchi le seuil du collège. Oui, j'étais triste de
« quitter cette maison à laquelle je m'étais attaché ; de
« quitter mes confrères, quelques-uns pour ne plus les
« revoir, alors qu'on avait été si heureux ensemble ;
« de me séparer de mes maîtres — de mon directeur
« surtout — qui sont des pères pour nous. Je garde et
« je garderai toujours de Courpière, un excellent sou-
« venir. »

A la rentrée suivante, les philosophes vinrent rejoindre à Cellule, les théologiens qui s'y trouvaient déjà dès le début d'avril.

« On ne peut dire, écrit alors l'abbé Bachelard, que
« nos promenades manquent de charme. J'ai rencontré
« un jour mon ancienne compagnie du 105ᵉ. Je revivais
« les souvenirs du passé, lorsque moi aussi, sac au
« dos, l'arme à la bretelle, j'arpentais la campagne en
« ces mêmes parages. Tout d'un coup, je m'entends
« appeler. Je me retourne : j'aperçois mon ancien ser-
« gent. »

Après de pieuses et très édifiantes retraites, l'abbé
Bachelard reçut successivement la sainte tonsure, les
ordres mineurs, le sous-diaconat.

Le sous-diaconat est pour le futur prêtre le moment
des engagements éternels, le moment où il charge sur
ses épaules la croix qu'il ne connait pas encore, mais
qu'il sait bien ne devoir pas dépasser ses forces puisque
le Maître sera toujours là pour l'aider à la porter.

C'est donc avec joie et confiance qu'au jour de son
sous-diaconat l'abbé Bachelard reçut la croix que lui
présentait Jésus.

Dieu n'éprouve que ses élus.

Mais que la croix de l'abbé Bachelard fut lourde !

La première épreuve lui vint de cette obligation même
de la prière publique dont il avait accepté avec tant de
bonheur la charge. Ce Bréviaire, qu'il avait pressé sur
son cœur, il se jugeait impuissant à le réciter digne-
ment. Aussi s'assujettissait-il à le recommencer jusqu'à
ce qu'il fut satisfait de lui-même : le meilleur de ses
journées y passait.

Son directeur, mis au courant de cette situation, le
dispense momentanément de l'obligation du Bréviaire.

Mais, de ce chef, surgissait une croix nouvelle : « Si
je ne puis pas dire mon Bréviaire, se demanda l'abbé
Bachelard, comment pourrai-je dire ma Messe ? » Et
spontanément il alla exposer sa situation à M. le Supérieur pour le prier de surseoir, à son endroit, à tout
nouvel appel aux Saints Ordres.

Sa démarche était trop loyale et trop généreuse pour qu'il n'y fut pas fait droit. Néanmoins ces délais, qu'il avait demandés lui-même, n'étaient pas sans être très douloureux à son cœur malgré l'affectueuse confiance que lui témoignaient ses maîtres et la cordiale sympathie dont l'entouraient ses confrères.

Enfin le jour tant désiré de son ordination sacerdotale arriva.

Il écrit à sa sœur : « Institution Saint-Pierre, 11 mars

« 1911. — Enfin ! je viens vous annoncer la grande « nouvelle : je suis appelé au sacerdoce ; c'est le samedi « de la Passion, 1er avril, que je serai ordonné en la « chapelle de l'Ecole de Théologie de Cellule. Dans « trois semaines, je serai prêtre !

« En ce moment la joie et la crainte se partagent mon « âme. Oui, je suis heureux d'atteindre enfin le but « après lequel j'ai soupiré et que j'ai poursuivi depuis « si longtemps. Mais aussi comment n'être pas rempli « de frayeur en présence des lourdes responsabilités « qui vont m'incomber, car si le sacerdoce est un hon-« neur incomparable, c'est aussi un fardeau redouta-« ble. »

Et voilà qu'une croix nouvelle l'attendait juste à la veille de monter pour la première fois au saint autel : une de ses sœurs mourut au cours de sa retraite d'ordination sacerdotale.

Son cœur si bon, si aimant, en fut profondément meurtri. Mais c'était la croix qui se présentait à lui, la croix de son sous-diaconat. Il l'accepta avec d'autant plus de résignation qu'il ne pouvait pas, au jour de sa première messe refuser au Dieu qui l'associait à son sacerdoce de partager aussi son état de victime.

« Je vous remercie, écrit-il, de n'avoir pas renvoye « votre lettre jusqu'à dimanche, comme vous me disiez « vouloir le faire. Après deux jours de séparation, elle « m'a fait revivre les trop courts instants que nous « avons passés ensemble en des circonstances à la fois

« si pénibles et si touchantes. Comme j'eusse été heu-
« reux, si tous vous eussiez été là auprès de moi, si un
« deuil bien cruel n'eut pas troublé notre joie ! Je veux
« croire que notre chère absente nous regardait du haut
« du ciel et partageait notre bonheur. Ça a été un jour
« de fête pour elle aussi, car, même si elle souffrait
« encore dans le purgatoire, nos prières à tous et le
« saint sacrifice de la messe auront soulagé certaine-
« ment — sinon terminé complètement — sa peine.

« Après les grands événements de ces derniers jours,
« il me semble que je ne vis plus de la vie réelle. Il s'est
« passé des choses si extraordinaires pour moi !... Je
« suis prêtre et je n'ose le croire ! Je regarde mes mains,
« ces pauvres mains, et j'y cherche encore la trace de
« l'huile sainte ; mais, je suis tout étonné quand je
« pense, quand je me dis, que plusieurs fois déjà elles
« ont tenu le corps de Notre Seigneur. Je vous avais
« dit de m'aider par vos prières à me préparer à mon
« ordination. Maintenant, je vous demande de prier
« encore pour que je fasse fructifier les grâces que j'ai
« reçues, pour que je me rende de plus en plus digne
« — ou moins indigne — de l'honneur incomparable
« qui m'a été fait. »

A sa sortie du Séminaire, en 1910, l'abbé Bachelard
fut nommé professeur à l'Institution Saint-Pierre, à
Courpière. Au bout de deux ans, ses supérieurs, re-
marquant son aptitude pour l'enseignement, l'envoyè-
rent à Paris préparer ses grades universitaires. Leurs
espérances ne furent pas déçues : en juillet 1914, l'abbé
Bachelard passait avec succès sa licence en Sorbonne.

*
* *

Il n'était rentré dans sa famille que depuis quelques
jours, lorsque l'ordre de mobilisation générale fut donné. Il partit dès la première semaine d'août pour rejoindre le 305e régiment d'infanterie auquel il apparte-
nait.

Aussitôt arrivé, il s'empresse de faire part à ses parents de ses impressions de caserne :

ABBÉ BACHELARD

PROFESSEUR A L'INSTITUTION ST-PIERRE

BRANCARDIER

Mort pour la France le 1ᵉʳ Octobre 1914

« Riom, le 10 août 1914. — J'arrive au galop au cercle
« militaire et voyant de quoi écrire, je vous écris. Je
« pense que vous avez reçu mon petit mot d'il y a deux
« ou trois jours. Je vous répète que je suis très bien
« ici, matériellement et moralement. Les soldats sont
« bien changés. Ils aiment à se tenir près des « curés. »
« Beaucoup se sont confessés avant d'arriver et beau-
« coup se confessent à Riom. Je les confesserai, moi,
« sur le champ de bataille. C'est la gaieté, l'entrain
« habituels. On ne se douterait pas que l'on va à la
« guerre.

« Les officiers sont très bien disposés, la plupart des
« capitaines sont très religieux. On sait dans tout le
« régiment que j'existe. Certains capitaines voudraient
« bien m'avoir avec eux. Mon sergent est séminariste,
« mais depuis quelques jours il est parti au dépôt et a
« été remplacé par M. Maurice Chalus, banquier, qui
« est charmant et tout à fait bon catholique. Il y a au
« régiment plusieurs autres sergents séminaristes. J'ai
« dit ma messe plusieurs fois. Il y a eu une messe de
« départ du 105ᵉ : 1.200 assistants militaires ! La plu-
« part des officiers ont communié.

« Nous sommes en train d'organiser une messe de
« départ pour le 305ᵉ ; je suis invité à la dire. Beaucoup
« d'hommes et de sous-officiers m'ont manifesté leur
« joie de m'avoir avec eux. Tout le monde est muni d'ob-
« jets de piété. Les sœurs en distribuent dans les rues
« et la plupart des réservistes en prennent. Nous ne
« savons pas exactement à quelle date précise nous
« partirons d'ici. On parle maintenant de la nuit de
« mercredi à jeudi. Évidemment nous ne savons pas
« notre destination. Ne vous étonnez pas si mes lettres
« sont rares, car on nous interdit parfois d'écrire et il
« n'est pas sûr que toutes nos lettres partent. On veut
« cacher notre présence à tel ou tel endroit. »

« Ce 21 août. — Tout va bien. Nous sommes en Al-
« sace depuis lundi. Mais nous n'avons pas été au feu,
« quoique nous ayons assisté à la bataille d'assez près.
« Je me porte mieux que jamais. Sommes bien nour-
« ris. Couchés comme on peut, parfois dehors. Mais je
« ne suis pas du tout fatigué, je porte tranquillement
« mon sac. Bref, tout va bien. Les Allemands, écrasés
« par notre artillerie, reculent. »

« 26 août 1914. — Merci de votre petit mot. C'est le
« seul que j'ai reçu. Nous marchons sans cesse. Après
« huit jours en Alsace, nous sommes rentrés en France
« pour une destination inconnue. Malgré la fatigue des
« nuits passées à la belle étoile, je ne suis pas encore
« tombé dans le fossé. Ce matin j'ai pu dire ma messe.
« En général, cela m'est guère possible. »

Comme on le voit, l'abbé Bachelard s'efforçait dans
les cartes qu'il adressait à sa famille de rassurer les
siens. S'il faisait allusion à la fatigue qu'il éprouvait,
c'était d'un mot, sans insister et pour conclure que tout
allait bien.

Cette préoccupation de ne pas inquiéter ses parents,
se retrouvera encore — se retrouvera surtout — dans
la lettre — la dernière — qu'il adresse à sa sœur, de l'hôpital mixte de Cholet, où il vient d'être évacué. Pour
ne pas laisser soupçonner la gravité de son état, il ne
veut pas se contenter d'une simple carte de quelques
lignes. Il écrit une lettre, une lettre de quatre pages.
Mais comme son écriture révèle toute l'étendue de l'effort qu'il dût s'imposer pour cela !

« Hôpital mixte de Cholet, 21 septembre 1914. — Ma
« bien chère sœur. Merci de vos lettres qui me sont
« arrivées à quelques heures d'intervalle. Jamais je
« n'en avais tant reçu de vous depuis le début de la
« campagne. Je suis très heureux de vous savoir auprès
« de nos parents. Hélas ! ne comptez pas que je vous
« y rejoigne ces jours-ci ! Depuis le 10 septembre, date
« de mon arrivée à Cholet je suis au lit dans une im-
« mobilité presque absolue et je ne sais pas quand je
« pourrai me lever. Je paraissais si fatigué qu'en trois
« jours on me transporta dans trois hôpitaux de plus en
« plus importants... Plusieurs de nos infirmiers sont
« prêtres... En résumé je vais aussi bien que possible ;
« je me sens beaucoup moins abattu. Néanmoins il
« faut compter, je crois, plusieurs semaines avant que
« je sois à même d'aller en convalescence. »

Comme on le voit, le cher abbé s'efforce de cacher à
ses parents la cause et la gravité de son mal.

Que s'était-il donc passé ?

Nous le savons par une lettre de son sergent, M. Maurice Chalus, qui devait lui aussi mourir pour la France un an plus tard.

« C'est avec la plus douloureuse émotion, écrit-il, que
« j'ai appris par un journal de Bretagne la mort de
« l'abbé Bachelard. Dès le début de la campagne, je
« remerciais sans cesse la divine Providence, qui m'a
« accordé tant de grâces depuis, d'avoir mis un prêtre
« à mes côtés. M. l'abbé Bachelard fut l'ange de la
« compagnie. Son caractère était dominé par la modes-
« tie chrétienne. Point de bruit, seulement le bon
« exemple ; un courage stoïque comme doit l'être celui
« du soldat, laissant à peine percer la douleur du prêtre
« devant la fureur et la folie des hommes, et aussi, car
« il m'a paru avoir, dès le début, le pressentiment de sa
« fin prochaine, une résignation chrétienne à toute
« épreuve.

«... Au cours d'un des combats de la Marne, je convins
« de mettre mon caporal à droite de l'escouade, moi
« à gauche avec l'abbé Bachelard, de manière à ne
« pas nous perdre, mais en lui donnant pour mission
« de courir au premier qui tomberait pour lui admi-
« nistrer les derniers secours religieux. Il le fit une fois.
« Mais sa fatigue était telle que je le tenais par la main.
« Une de nos camarades nous prêta un flacon d'alcool
« de menthe, afin que je puisse lui en faire boire et hu-
« mecter un peu ses tempes. Il mourait de soif et n'a-
« vait rien mangé depuis deux jours... Nous couchâmes
« côte à côte dans un champ de luzerne. Exténué, il
« s'était étendu sur le dos, visage au ciel. Je le lui
« couvris de mon couvre-nuque et nous passâmes ainsi
« la nuit. Le lendemain, ce fut un jour d'immobilité
« sous la chute ininterrompue des obus allemands, de
« 9 heures du matin à 4 heures du soir ! J'attribue à sa
« présence parmi nous d'avoir été épargnés d'une façon
« complète ; car, ainsi que je l'écrivais à M. le curé de
« Cholet, auprès duquel je me suis empressé, aussitôt
« la triste nouvelle reçue, de rechercher des renseigne-
« ments, il est à remarquer que c'est dès le moment où
« nous avons perdu l'abbé Bachelard, que nous avons
« commencé à avoir des morts. Depuis cette heure fu-

« tale, nous perdîmes la trace de notre pauvre prêtre.
« Les ambulances sont loin, puis les hommes en armes
« ne peuvent y pénétrer. »

M. l'abbé Leroy, aumônier de l'Hôtel-Dieu de Cholet,
a bien voulu fournir quelques détails sur les derniers
jours de M. l'abbé Bachelard :

« M. l'abbé Bachelard, écrit-il, à dû arriver à Cholet
« vers le 14 ou le 15 septembre, absolument épuisé. Il
« fut d'abord placé dans une ambulance tenue par les
« Dames de la Croix-Rouge. Ces dames, sachant que le
« cher malade était prêtre, crurent devoir le faire trans-
« porter dans une autre ambulance, tout à proximité
« d'une chapelle de religieuses : là, les soins seraient
« tout aussi dévoués, sinon plus, et le malade pourrait
« plus à l'aise, satisfaire sa piété. Il n'y fut guère qu'un
« jour ou deux : on redoutait une intervention chirur-
« gicale pour une appendicite qui menaçait. A la date
« du 20 septembre, je crois, on l'amena à l'Hôtel-Dieu
« où je suis aumônier. Ce fut alors que je fis la connais-
« sance du cher malade. Il était littéralement épuisé.
« Je ne pus m'empêcher de lui témoigner ma surprise
« qu'il ne se fut pas arrêté plus tôt... Cette fatigue
« n'avait pas dû venir subitement... Et lui de me ré-
« pondre par cette phrase qui le peint bien, ce me sem-
« ble, comme l'homme du devoir : « C'est vrai, j'étais
« épuisé ; mes camarades soldats m'aidaient même à
« marcher... mais je suis prêtre... et je ne voulais pas
« qu'on put dire qu'un prêtre avait reculé au moment
« d'aller au feu ! » Il fut bien victime de son devoir pa-
« triotique. Espérons que cette douce victime obtiendra
« miséricorde pour la France.

« Bientôt la science s'aperçut que c'était le foie qui
« était malade et aussi les intestins. Mais que faire en
« présence d'un sujet aussi délabré ? Cependant, grâce
« aux bons soins, le malade semblait reprendre et l'es-
« poir revenait, quand dans la nuit du 27 au 28 sep-
« tembre, des vomissements de mauvais augure firent
« craindre pour lui, Un prêtre et un séminariste infir-
« miers le veillaient : on m'avertit et je crus prudent
« de lui offrir les derniers sacrements, ce que le malade
« accepta de grand cœur. J'aurais bien voulu le faire
« communier et le cher malade le désirait fort ; mais

« on ne pouvait le faire sans provoquer une violente
« crise de toux et de vomissements. Je crus devoir pré-
« venir M. le vicaire d'Orcival de l'état du malade. Le
« mardi soir, je recevais une dépêche lui apportant le
« souvenir affectueux de ses amis et, par M. le vicaire
« général, la bénédiction de son évêque. J'allais la lui
« porter aussitôt. Je n'oublierai jamais le sourire avec
« lequel il reçut cette bonne nouvelle ; c'était un peu
« de son chez lui qui lui était rendu.

« On espérait encore quand, le jeudi matin, 1er oc-
« tobre, vers 5 heures, le malade s'éteignit doucement,
« comme une lampe qui manque d'huile. C'était à l'au-
« be du mois du Rosaire, presque à l'heure de l'Ange-
« lus. Le samedi vers 3 heures, avait lieu la sépulture,
« en ce jour consacré à la très Sainte Vierge, comme
« si par cette double ou triple coïncidence la Sainte
« Vierge avait tenu à bénir et à récompenser la piété
« filiale de son prêtre. En même temps, on procédait à
« la sépulture de trois autres soldats, lui en tête, comme
« si, leur ayant donné l'exemple sur terre, il voulait en-
« core continuer son exemple et les introduire au Ciel.

« J'avais invité le clergé de Cholet qui se fit un devoir
« de venir en grand nombre, prier pour leur confrère
« prêtre-soldat. »

*
* *

Sous le titre « Comment il comprenait son devoir. »
La Croix d'Auvergne, du 18 Octobre 1914 a consacré a
l'abbé Bachelard, l'article suivant par lequel nous ter-
minerons cette notice nécrologique :

« Ce n'est qu'un simple épisode de guerre...
« Mais combien il est significatif !...

« Celui qui en fut le héros, le pieux abbé Bachelard,
« est notre compatriote. Originaire de Coheix, il était
« l'enfant de nos montagnes, où la foi est si vive et le
« patriotisme si ardent.

« Parti dès les premiers jours de la mobilisation, l'ab-
« bé Bachelard prit part, avec le 305e auquel il appar-
« tenait aux divers combats de la Marne et de l'Aisne.
« Il tomba au cours d'une de ces luttes héroïques qui
« arrêtèrent la marche envahissante de l'ennemi sur
« notre terre de France.

« Transporté au poste de secours le plus voisin, on.
« lui demande où il est blessé. Il fait signe qu'il n'est
« pas blessé.... et il s'évanouit.

« Intrigué, le major qui le soigne s'informe, auprès
« de quelques blessés de la compagnie de l'abbé Bache-
« lard, de ce qui a pu le mettre dans cet état. Il apprend
« alors que son malade n'a pris aucune nourriture de-
« puis plusieurs jours et qu'il n'a pas cessé pour cela
« de se battre vaillamment jour et nuit.

« Le major gronde alors paternellement l'abbé Ba-
« chelard : « Comment ?... Voilà plusieurs jours que
« vous n'avez rien pris, et au lieu de venir à l'ambu-
« lance vous avez continué à vous battre ? C'est in-
« sensé ! »

« Monsieur le major, murmura le moribond, un
« prêtre ne pouvait pas et ne devait pas quitter le champ
« de bataille tant qu'il lui était encore possible de rester
« debout. Je suis allé jusqu'à l'extrême limite de mes
« forces.

« Il était si bien allé jusqu'à l'extrême limite de ses
« forces que les médecins, malgré les soins attendris
« dont ils l'entourèrent, ne purent parvenir à ramener
« un peu de vie dans ce pauvre corps épuisé.

« Et depuis quelques jours, l'abbé Bachelard repose
« là-bas... en terre vendéenne, dans le cimetière de Cho-
« let, où il est mort.

« Quelles sont belles ces dernières paroles de l'abbé
« Bachelard : « Comme prêtre, je ne devais pas quitter
« le champ de bataille tant qu'il m'était encore possible
« de rester debout. »

« Il avait associé ses deux devoirs de soldat et de
« prêtre. Parce que prêtre, il devait être plus soldat
« que les autres. Il devait donner à tous l'exemple du
« sacrifice et de l'abnégation. Et cet exemple il le donna
« jusqu'au moment où il tomba pour ne plus se relever.

« C'est ainsi qu'il comprenait son devoir ! »

LE LIEUTENANT

Pierre PEYDIÈRE de VÈZE

C'est dans le château d'Auteyras coquettement situé sur les collines qui avoisinent la ville de Billom, autrefois si justement célèbre par son université et assez près des ruines imposantes du vieux manoir de Mauzun, que naissait le 10 août 1881, Pierre Peydière de Vèze. Le gracieux et élégant château d'où les regards embrassent le merveilleux panorama des dômes illuminés le matin par le soleil levant et non moins beau, le soir, au moment où l'astre du jour disparaît, était la résidence de M. Teyras de Grandval, grand'père maternel de Pierre.

L'enfant trouva dans la famille de sa mère comme dans celle de son père, les traditions d'honneur et de vertu qui font les hommes et les fortes convictions chrétiennes qui promettent de fervents catholiques.

Il entra au Petit Séminaire de Clermont au début de l'année scolaire 1891. Malgré son extérieur réservé qui ressemblait à de la timidité, il ne passa pas inaperçu tant il y avait d'élégance dans sa personne, de distinction dans sa physionomie, de générosité dans son caractère. Une éducation soignée dans la famille

avait déjà largement développé les qualités naturelles
que Dieu avait disposées en cette âme. Il fut comme
tous les bons enfants, appliqué, régulier, sage. Il pré-
parait d'ailleurs sa première communion et depuis de
longs mois, les parents chrétiens l'avaient entretenu
des joies surnaturelles de ce grand jour « le plus beau
de la vie », aussi faisait-il des efforts quotidiens et
récitait-il avec soin les diverses prières pour se préparer à la visite de l'Hôte Divin. C'est durant la seconde
année de son séjour au Petit Séminaire, qu'il fit la première communion.

Mgr Grimardias, évêque de Cahors, où les prêtres
conservent pieusement le souvenir de sa munificence, de
son affabilité et de sa bonté, présida la cérémonie. Trois
de ses petits neveux devaient en ce jour prendre place
au sacré banquet et recevoir le sacrement de confirma-
tion : Antoine Monanges, Ernest de Préneuf et Pierre
Peydière de Vèze. La fête impressionnante pour tous
le fut particulièrement pour ces enfants en raison
même de la présence du vénérable évêque, venu pour
faire descendre en leur âme les dons de l'Esprit Saint.
Nous ne savons pas quelles furent alors les impressions
du jeune confirmé, mais la grâce divine était tombée
en une terre bien préparée et il fut facile de constater
les progrès réalisés dès ce moment dans la pratique des
vertus morales et surnaturelles.

Tandis qu'il donnait toute satisfaction à sa famille
par sa douceur, sa déférence, son affection, Pierre
continuait régulièrement ses études. Il aimait les belles
lettres mais ne négligeait pas les sciences. Aussi, fut-il
prêt à subir les divers examens du baccalauréat.

Le succès complet couronna ses efforts. Il dut aussitôt
faire le choix d'une carrière. L'armée l'attirait. La vie
militaire telle que l'entrevoit un jeune homme de dix-

PIERRE PEYDIÈRE DE VÈZE

LIEUTENANT

DÉCORÉ DE LA CROIX DE GUERRE

Mort pour la France le 3 Septembre 1914

huit ou vingt ans, a des charmes tout spéciaux. N'est-ce pas pour lui le chemin du devoir, de l'honneur, du dévouement à la patrie ?

Pierre était admis à l'Ecole Sainte-Geneviève (Rue des Postes) pour se préparer à St-Cyr. Il lui fut sans doute pénible de se trouver brusquement séparé de sa famille et obligé à la vie d'internat loin des siens, mais sa volonté triomphe des obstacles, car il suit sa vocation. Le travail lui fournit une saine distraction et Dieu lui donne la force et le courage. En 1901, il est reçu à Saint-Cyr.

Dans notre école nationale où « ils s'instruisent pour vaincre » comme le disait l'ancienne inscription du drapeau ou « pour défendre la patrie » comme on le proclamait après le 3 juin 1880, ou encore « pour l'honneur et la patrie » selon la devise actuelle, il profita des leçons des maîtres éminents qui y professaient, s'habitua aux exercices physiques, sentit se développer encore son attrait pour la carrière de son choix.

Sorti en un bon rang de Saint-Cyr, il est nommé à Bourg, au 23e régiment d'infanterie qu'il ne quittera jamais. Arrivé dans cette ville, il désire se faire une famille, constituer un foyer et la Providence lui destinait une jeune fille qu'il sentit capable de le rendre heureux. Ses projets furent approuvés par ses parents. Il demanda en mariage et ne tardait pas à épouser Mlle Renée Logerot, fille du général, ancien ministre de la guerre. Durant les années qui suivirent, deux charmants petits garçons venaient augmenter la famille et combler de joie leur père et leur mère.

Tout à coup la guerre éclatait. Dès le premier moment, il est envoyé avec son régiment en Alsace. Il prend part à cette terrible et funeste expédition de Mulhouse qui nous a coûté un si grand nombre d'hom-

mes et causa des pertes sensibles à son régiment. La
2° compagnie ayant perdu tous ses officiers, le colonel
désigne le lieutenant Peydière pour remplacer le capitaine de Montjamont, tué le 9 août, au pont de Dornach
et commander la compagnie.

Nous n'avons pu nous procurer des renseignements
précis sur les dernières semaines. Avec les chasseurs et
les alpins, son régiment a monté la garde devant St-Dié
et St-Léonard, entre le col du Bonhomme et le col
Ste-Marie. Tous ses camarades qui ont vécu avec lui
ces sombres jours où l'attention de la France et celle
du monde étaient absorbées par la formidable bataille
qui se livrait dans le Nord sont, depuis longtemps,
étendus dans leur tombe.

Il est tombé un des premiers, le 2 septembre, un mois
après la déclaration de guerre.

Dans une lettre datée du mercredi 23 septembre, le
major annonçait aux parents la pénible nouvelle de la
mort du lieutenant et disait les regrets causés au régiment tout entier.

« Je m'empresse, écrivait-il, de vous donner les détails sur la dernière journée du brave lieutenant Peydière que nous pleurons tous. Je dois à la vérité de
vous dire qu'au milieu des deuils quotidiens qu'il nous
est malheureusement donné de voir, celui-ci fut le plus
touchant par la spontanéité et l'abondance des regrets
qu'il causa. Tous ses camarades présents, le colonel
Hérouart, le lieutenant-colonel Dayet, les comman-
dants Marchal et Georges, ont pu venir le voir étendu
sur son lit. Et tous étaient profondément affligés. J'ai
vu un sergent-major et des hommes pleurer et pendant
la guerre, c'est un geste rare.

Je ne connaissais moi-même le lieutenant Peydière
de Vèze que depuis quelques jours où il avait été affec-

té comme commandant de la 2ᵉ Cⁱᵉ. Il avait déjà su s'attirer mon estime et ma confiance comme celle des soldats qu'il commandait depuis si peu de temps. Que ce soit pour votre deuil une consolation et un honneur que peu d'autres auront eus. »

Puis, le docteur ajoute les détails suivants :

« Le 2 septembre, au matin, la compagnie du lieutenant prenait place dans un petit bois au-dessus de St-Léonard (près Anould) à l'endroit appelé Bellegoutte. Tous les hommes étaient à leur poste et au repos. J'y étais aussi à dix mètres du lieutenant. Nous étions tous couchés pour rester à l'abri des obus qui sifflaient au-dessus des arbres.

Avec un courage presque imprudent, le lieutenant Peydière fumait sa pipe debout, appuyé contre un sapin et abrité derrière lui, pas assez cependant, puisque un obus lancé de sept ou huit kilomètres d'un calibre énorme, vint éclater juste sur lui, coupa le sapin et l'atteignit dans le dos. Le coup violent du projectile le projeta en avant et lui occasionna encore une fracture de l'humérus droit. On se porta aussitôt à son secours. Sa première parole a été pour ses hommes. « Y a-t-il d'autres blessés ? » J'étais avec mes infirmiers près de lui. Nous avons pu l'emmener aussitôt dans la petite maison qui était à 50 mètres de là.

Des trente hommes qui étaient couchés, trois seulement furent touchés par les éclats de l'obus, mais moins grièvement. C'est pourquoi il est permis de dire que si le lieutenant avait été couché, il aurait peut-être été blessé mais probablement pas mortellement. Les soins furent donnés aussitôt, le pansement fait de suite.

Deux plaies profondes, une surtout d'une largeur d'orifice de 10 centimètres existaient dans le dos avec perforation du poumon. Les éclats de l'obus étaient

restés à l'intérieur du poumon ou dans les tissus envi-
ronnants. L'air pénétrait bruyamment par ces orifices
et rendait déjà le pronostic très sombre. Si on vous a
rapporté que j'espérais le sauver, c'est qu'on avait entendu les paroles d'encouragement que je donnais au
lieutenant lui-même. Car il s'est rendu compte aussitôt
de la gravité de son état, d'autant plus qu'il n'a pas
tardé à souffir beaucoup.

Par l'hémorragie qui s'était produite à l'intérieur du
poumon, la respiration est devenue aussitôt très pénible. La fracture du bras lui paraissait même infime
à côté de la difficulté de la respiration. Ses premières
paroles ont été pour vous et ses enfants : Ma pauvre
femme, m'a-t-il dit, mes enfants, Jacques, mon petit
Jacques. Puis il a réclamé l'assistance du prêtre.

Après avoir fait le pansement occlusif de la plaie, le
seul qui put être fait et qui était indiqué sur place, la
fracture du bras fut consolidée et pansée et on étendit
le lieutenant sur un lit, le seul qui fut là. Pour diminuer ses souffrances, je lui ai fait une piqûre de morphine qui le soulagea un peu. Le capitaine de Buttet,
le lieutenant Secrétant, le capitaine de Chancy, tués
depuis, sont venus le voir à ce moment et l'aider de
leurs encouragements. Sa connaissance était entière et
son courage merveilleux.

Depuis ce moment jusqu'à la fin de la journée je
suis resté à côté de lui, près de son lit, ne l'ayant quitté
que quelques instants pour soigner 7 ou 8 blessés de la
compagnie qui étaient étendus dans le foin de la grange
voisine. Les obus continuaient à tomber toutes les dix
secondes, toujours au même endroit, il en est même
tombé un sur la maison qui nous abritait, mais sans
faire trop de dégâts. L'avalanche était si forte que le
prêtre que j'avais fait demander à 3 kilomètres de là,

ne put s'avancer jusqu'à nous. Le lieutenant avait été frappé vers 10 heures.

On ne put l'évacuer que le soir vers 4 heures, quand la canonnade fut moins intense. Durant tout ce temps, il a souffert beaucoup de la difficulté de la respiration. Mais son pouls était resté assez bon, laissant encore un peu d'espoir que j'avais pu lui faire partager. Il a même voulu se regarder dans un miroir qui était suspendu au-dessus de sa tête. A 4 heures, on a pu le transporter sur un brancard, vers le poste de secours du docteur Louis, situé à 2 kilomètres sur la grande route de St-Dié à Gérardmer. Là était le prêtre avec lequel on l'a laissé seul un moment. C'était un surveillant de l'école de polytechnique de Versailles. Il semblait si heureux d'avoir enfin ce qu'il avait réclamé de suite. Sa connaissance était intacte et son contentement dut être immense d'avoir pu remplir ses derniers devoirs de chrétien.

Son pansement fut refait par le docteur Louis, et en le soulevant un flot de sang sortit des orifices, dégorgeant les poumons embarrassés, mais l'affaiblissant subitement davantage. Deux piqures nouvelles de caféine, une de morphine furent faites et une automobile l'emmena à Géradmer. C'est là que je l'ai quitté, madame, et lui ai serré une dernière fois cette main que j'avais tenue serré dans les miennes, si longtemps pendant ses souffrances dans la maison de Bellegoutte. J'ai conscience d'avoir fait tout ce qu'il était possible de faire avec les modestes moyens dont je disposais. Je n'y ai eu aucun mérite que celui de surmonter la peine que me faisait le désespoir de son cas et la consternation de tous autour de moi. Le lieutenant Peydière est le malade avec lequel j'ai pu rester le plus longtemps durant toute la campagne. J'en suis heureux pour lui et pour vous, madame, qui pouvez avoir le détail de ses dernières heures si tristes.

Est-il mort durant le parcours de 15 ou 20 kilomètres où à l'hôpital de Gérardmer ? Je n'ai pu le savoir. Mais j'ai appris le lendemain qu'il n'était plus. Il a dû certainement être enterré à Gérardmer. A la mairie de ce pays, vous trouverez les renseignements exacts. Avec lui avaient été emportés, tous ses papiers. S'il m'est possible de le savoir, bien que je sois un peu loin de Gérardmer, je le ferai à l'occasion et vous promets de vous transmettre tout ce que je pourrai savoir à ce sujet.

Excusez-moi, madame, d'avoir ravivé votre terrible douleur par cet horrible récit. Son exactitude peut être pour vous une satisfaction bien naturelle et sans doute réconfortante.

Le 28 septembre 1914, M. le Docteur Louis écrivait :

« Le lieutenant Peydière a été blessé le 2 septembre, autour de Mandray, par un éclat d'obus qui lui a fracturé le bras droit et fait une profonde entaille au côté. Il a été transporté à mon poste de secours, ce même jour, vers 15 heures, vivant encore. Très énergique, il avait, sans nul doute, une conscience très réelle de son état. Un prêtre était là, l'abbé Ollier, du pensionnat Ste-Geneviève, à Versailles, qui s'est entretenu avec lui après pansement et un peu de repos. J'ai fait demander une automobile à l'ambulance d'Anould et le lieutenant accompagné d'un médecin auxiliaire de l'ambulance a été transporté à l'hôpital de Gérardmer. C'est là qu'il est mort. La blessure était très grave et la guérison impossible. Je ne crois pas qu'il ait souffert beaucoup physiquement. Il a fait montre du plus grand courage et de la plus complète résignation. Dieu récompense ceux qui meurent ainsi. »

Le général commandant la 41ᵉ division d'infanterie, cite à l'ordre de la division pour sa belle conduite :
« Peydière Pierre-Marie-Emile, lieutenant au 23ᵉ régiment d'infanterie, officier très estimé et très brave, le 2 septembre 1914, a donné le plus bel exemple de courage et de fermeté à ses hommes, en restant debout au milieu d'eux et leur donnant des conseils sous un feu violent d'artillerie lourde, a été blessé mortellement par un éclat d'obus. »

Le colonel du régiment écrivait à la famille :

« Je m'associe à vos regrets et les partage d'autant plus que le lieutenant Peydière était un des officiers du régiment que j'estimais le plus. J'avais déjà eu, depuis le début de la campagne, l'occasion d'apprécier son courage personnel et ses qualités militaires et c'est à ce titre que je venais de la désigner pour réorganiser et commander la compagnie du capitaine de Montjamont, tué le 9 août, avec ses trois officiers. »

De tels témoignages se passent de tout commentaire et disent assez clairement quel chef l'armée a perdu.

Le corps du regretté lieutenant Pierre Peydière de Vèze a été ramené à Bourg, où des obsèques solennelles lui furent faites. L'assistance était très nombreuse. Sa Grandeur Mgr Manier évêque de Belley, assistait aux funérailles et a prononcé une émouvante et patriotique allocution.

Dieu a sans doute récompensé son fidèle serviteur. Le glorieux officier a donné sa vie pour la France, il a contribué à nous donner la victoire ; il laisse un noble exemple à ses enfants qui sauront l'imiter. Qu'il repose en paix, dans le tombeau de famille, près du Général Logerot, en attendant le grand jour de la Résurrection !

François DELORME

Il suffit d'avoir connu François Delorme, de parcourir son carnet de notes et de lire quelques-unes de ses poésies pour comprendre davantage les pertes irréparables causées par l'effroyable guerre. Que ne promettait pas cette âme délicate, sensible, droite, profondément chrétienne !

François aimait sincèrement son pays, il voulait la grandeur de la France et l'eût toujours fidèlement servie avec l'activité qu'il déploya sur le champ de bataille. Il eût pris rang peut-être parmi les poètes qui, nourris de l'antiquité, sentent vibrer leur âme au contact de la nature et font passer dans leurs strophes inspirées, le souffle de leur foi chrétienne et l'ardeur de leur amour de la famille ? N'aurait-il pas pu s'écrier avec le jeune poète trop vite enlevé aux lettres françaises.

« Mon beau voyage encore est si loin de sa fin ? »
Je pars et des ormeaux qui bordent le chemin.
J'ai passé les premiers à peine. »

Il commença ses études à C'ermont-Ferrand où son père alors capitaine d'artillerie était en garnison. Il suivit en qualité d'externe les cours du Petit-Séminaire devenu depuis la loi de séparation, l'Ecole Massillon, et il fut un des bons élèves. Déjà les lettres l'attiraient, il prenait plaisir à étudier les auteurs classiques. Il connaissait les principaux poètes grecs, aimait Virgile et Horace, lisait attentivement les belles scènes de Corneille ou celles de Racine, se plaisait à l'école de Molière et trouvait pleins de charmes les auteurs qui, dans une langue souvent séduisante, chantaient les joies pures de la famille, les beautés de la nation, les grandeurs de la France où les consolations de la Foi. Les sciences exactes avaient pour lui moins d'attrait.

Le Capitaine Delorme qui ne perdait pas de vue l'avenir de son fils et pensait à l'école polytechnique, résolut de l'appliquer aux mathématiques. François obéit mais ces démonstrations lui parurent fastidieuses et les raisonnements peu séduisants, il prêtait une trop faible attention aux leçons de ses maîtres et il soupirait après l'heure où il pourrait retrouver ses bons auteurs classiques. Il obtint enfin la permission assez longuement attendue de renvoyer à une époque plus reculée, ces études si peu conformes à son goût.

Il subit avec succès les examens du baccalauréat et sur le désir de sa famille, appliqua de nouveau son esprit aux mathématiques. Il était alors plus âgé, réfléchi, avait une maturité suffisante, il devait aboutir. Ses efforts n'obtinrent pas les résultats attendus. Il renonça d'ailleurs sans peine aux grandes écoles militaires et songea aux consulats.

Le service militaire vint interrompre ses études d'économie politique et de droit. Il se rendit à la caserne. Il eût bien quelques ennuis dans ce nouveau genre d'existence où il eût voulu trouver une vraie famille. Lui qui aimait à donner libre cours à son imagination, qui se fut arrêté comme le bonhomme à suivre l'enterrement d'une fourmi et pensait trouver chez tous, les prévenances et les bontés dont l'avaient entouré les siens, eût à souffrir plusieurs fois du langage et des habitudes de la vie de garnison. Ce contact avec la réalité, il nous dit lui-même, le rendit « pas militaire du tout, mais plus militariste que jamais. »

Durant les années passées à la faculté de droit de Grenoble, il se lia intimement avec Jean de Barrau, jeune étudiant, originaire du Rouergues, qui exerça sur lui une grande influence. Dans une courte notice écrite par le R. Père Don Besse, nous lisons que Jean de Barrau et François Delorme se retrouvèrent à Paris où celui-ci suivait les cours des sciences politiques. « Pendant cette période studieuse, écrit le savant bénédictin, son âme s'ouvrit aux idées les plus graves, et sa volonté accepta loyalement la discipline de son esprit. » Son frère Jacques, alors à St-Cyr, qui le voyait fréquemment, a résumé en quelques mots l'impression que lui produisit cette vie de jeune homme : « Autant que je pouvais m'en rendre compte, il a mené une existence qui avait je ne sais quoi, d'un peu monacal. »

Le carnet de notes que nous sommes heureux de pouvoir reproduire, nous permet de le suivre durant toute la campagne. Commencé le 1er août 1914 au Petit-Mareuil, il nous donne ses impressions jour par jour, et prend fin le 2 septembre, à 3 heures.

Ce fut une journée terrible celle du 3 septembre, les obus éclataient çà et là, les incendies flambaient de tous côtés, le combat était d'une violence extrême. François Delorme occupait le poste qui lui avait été confié. Il était agent de liaison derrière son chef d'escadron. La position qu'il tenait est violemment bombardée et la situation est critique. Il est quatre heures environ. Le commandant veut transmettre un ordre important à la 8e batterie. Il s'adresse aux agents de liaison. Il distingue François, il le sent disposé à rendre le service demandé, il n'hésite pas à lui confier une périlleuse mission.

François sent l'honneur qui lui est fait, son père, sa mère, ses frères seraient fiers de lui ! Il part, le sourire sur les lèvres. A peine a-t-il parcouru quelques centaines de mètres, que son cheval est tué sous lui. Il continue sa course à pied, mais bientôt une seconde rafale le renverse. Sa poitrine a été traversée par un éclat d'obus. Il est mort subitement sans souffrance.

Dès le lendemain, à la première heure, les servants de sa batterie déposèrent le corps du regretté maréchal des logis dans une bière qu'ils avaient préparée. L'inhumation eût lieu au pied d'une grande croix de pierre. Les camarades y gravèrent l'inscription suivante : « *Ici repose le maréchal des logis François Delorme, mort pour la patrie, le 3 septembre 1914. Priez pour lui.* » Ils achevaient de réciter les prières lorsqu'un prêtre vint à passer. Il bénit la tombe qui conserve au milieu des grands bois de sapins, la dépouille mortelle du vaillant soldat, en attendant le moment où il sera possible de le transporter dans le tombeau de famille. Il eût aimé entendre, en ce site agreste, la grande voix de la nature gémissant à travers les feuillages et les chants plaintifs des petits oiseaux de France.

Il avait été cité à l'ordre du jour de la 1re armée, en ces termes : « *S'est particulièrement distingué en allant chercher une pièce de 75, momentanément abandonnée.* »

Le capitaine de François écrivait au commandant Delorme :

« Intrépide et courageux, il mettait une énergie in-
« domptable au service d'une bravoure que maintes
« fois j'admirais. Tous ses camarades étaient égale-
« ment unanimes à le reconnaître comme un brave,
« ce témoignage est infaillible. Sa conduite, un jour

« qu'il avait contribué à sauver des mains de l'ennemi,
« une pièce de 75, lui avait valu une proposition pour
« la médaille militaire.

« Je puis vous affirmer, mon commandant, que pen-
« dant les jours qu'il me sera donné de vivre, j'aurai
« présente à l'esprit, l'image de ce courageux garçon,
« avec qui je causais à chaque instant, et dont j'avais
« pu par cela même, apprécier les qualités.

« Je vous prie, mon commandant, de croire à la part
« profonde que je prends à votre douleur, et s'il est
« une consolation que je puisse vous apporter, c'est de
« vous affirmer que votre fils est mort en brave, face à
« l'ennemi, qu'il n'a cessé de combattre avec une foi
« ardente dans le succès final.

« Puisse son sacrifice, avec tant d'autres, nous donner
« la victoire. »

Nous publions quelques-unes de ses poésies qui nous
permettent d'apprécier certaines qualités.

Il avait nourri son âme de souvenirs antiques.

ANTIQUITÉ GRECQUE

Nuit, mère des astres d'or, pitié, ô Ténébreuse !
Ah ! ne m'apporte plus dans ta robe aux longs plis
Des visions glacées, de lamentables cris.
Laisse Hypnos bercer ma couche ténébreuse.

Depuis le jour fatal où, d'un poignard sanglant,
J'ai tranché dans leur sein le fil de leur vie,
Leurs spectacles me suivent, et je sens la folie,
Sur mon front en sueur, poser son doigt brûlant.

Lorsque j'ai fait flageller mes esclaves humides ;
Sous les cordons de cuir, j'ai vu leurs dos saigner ;
Leurs cris, comme des traits, ébranlaient les piliers.
Ils n'ont pu étouffer le rire des Euménides.

J'ai brûlé des parfums sur les trépieds d'argent :
L'aloès, l'encens, le benjoin et la myrrhe
Ont mêlé leurs senteurs plus douces qu'un sourire.
Toujours autour de moi, flotte une odeur de sang.

En mars 1911, il rêvait au genre de vie qui eut fait
son bonheur et nous fait entrevoir cette bonne vieille
ville où il eût été heureux de mener une existence douce
et paisible.

JADIS

J'aurais voulu vivre autrefois
Dans une bonne et vieille ville
Ayant murailles et beffrois,
Des rues étroites et tranquilles.

Qu'il eût fait bon de mener là
Une vie paisible et douce,
Coulant sans lutte et sans combat
Comme un ruisseau clair sur la mousse.

Oui, je vois la vieille maison
Presque vivante et maternelle,
Et devant, pour tout horizon,
Calme, un peu triste, une venelle.

Sourds baldaquins, sombres dressoirs,
Aux murs noircis figures altières,
Voici la salle où chaque soir
S'assemble la famille entière.

Dans un large fauteuil blotti
Au coin du feu l'aïeule rêve
Au temps passé, évanoui,
A la fuite des heures brèves.

Tout le monde est réuni là,
Et dans le grand feu clair qui danse
L'un voit le temps qui s'écoula,
L'autre l'avenir qui commence.

La vieille horloge va, berçant
Chacun de pensées familières,
Comme elle dut aux jours d'antan
Bercer celles de leurs grands-mères.

Puis la prière, le coucher,
Le lever d'heure matinale,
Les heures vont sans se presser
Avec des mines amicales.

De temps en temps un petit pas
Va sonnant sur les dalles vides.
Encore plus rare, le fracas
D'un carrosse emplit l'air languide.

Soulevant le pli d'un rideau,
Se penche une tête curieuse.
Puis tout retombe, et de nouveau
S'étend la paix silencieuse.

Et voici qu'à pas de velours
S'en vient la grande nuit tranquille :
L'ombre envahit le carrefour
Et tout dort dans la bonne ville.

Vieille cité, quelle que tu sois,
De brouillard, ou de pierres grises,
Souvent le soir je t'aperçois
Lorsque le ciel se vert-de-grise.

Il nous donne ses impressions aux divers moments de l'année.

Mareuil. Toussaint 1912.

AUTOMNE

Moitié frileux, moitié doux,
C'est l'automne de chez nous ;
Calme, gris en demi-teinte,
Un jour un peu languissant :
Pas de soleil, pas de vent,
Une cloche vague tinte.

L'horizon s'est rapproché :
Il semble qu'on va toucher,
En montant la colline,
Le ciel bas et nuageux. .
De l'air vif plein les yeux,
Allègrement on chemine.

Les feuilles mortes s'en vont
Oui, c'est bien l'arrière saison ;
Parfois un chant de grive
Qui résonne étrangement
Dans le silence dormant
De ces heures presque furtives.

L'hiver s'en vient à pas lents.
Pour lui, ses seuls courtisans
Les chênes vêtus de rouge :
   Hors eux et les noirs sapins.
Tout se dépouille, s'éteint,
S'engourdit, plus rien ne bouge.

*
* *

Pauvre temps, comme tu t'en vas !
Pauvres heures, funèbres ou douces,
Comme vous glissez sans secousses.
A petit bruit, à petits pas !

Ah ! de grâce, fuyantes ombres,
Pesez un peu plus sur nous.
Clitho sera bientôt à bout,
Et voici déjà qu'il fait sombre.

Et contemplant le ciel où, dit-on sont écrites
Toutes nos destinées,
Calmes, nous y verrons l'inévitable fuite
De nos pâles années.

FIN OCTOBRE

Fin octobre, un dimanche, temps maussade, ciel bas.
Les arbres demis-nus tordent des feuilles jaunes
Au souffle d'un vent rêche et dans le jour atone
Les gens, l'air las, le long des quais traînent leurs pas.

Le soir tombe chargé de brouillard et d'ennui
— C'est l'heure des souvenirs mornes et taciturnes. —
Maudit soit le fâcheux qui sonne, quand la nuit
Verse sur nos yeux clos, la douceur de son urne !

Ce dimanche est fini, lui qui si gracieux
Se levait ce matin dans les brumes légères,
Plein de joie et d'espoir au bruit religieux
Des cloches haut sonnant, à voix belles et claires.

Le voici tout vieillot et tout ratatiné
Qui chauffe au feu mourant ses jambes grelottantes,
Penchant le chef et l'air de plus en plus cassé
A mesure qu'on entend sonner les heures dolentes.

JOUR D'AVRIL

Il fait un temps doux et chargé de pluie,
Le vent en chantant court sur les chemins,
L'horizon très bas est couleur d'étain :
Avril a ses jours de mélancolie.

Comme un petit maître il a ses vapeurs,
Il se plaint tout bas d'une voix dolente
Et froisse en ses doigts la soie odorante
De ses longs rubans aux mille couleurs.

Pour dissiper la nuit que hantent les remords
En vain j'ai fait briller les torches triomphales.
Grimaçantes je vois flotter vos ombres pâles,
Et le regard affreux de vos yeux fixes, ô morts !

Pourquoi près de mon lit, comme des chiens avides,
Vous trainerez-vous, avec des gémissantes voix ?
Ah ! par grâce, laissez, ah ! laissez une fois
Le sommeil me cacher vos figures livides.

Hélas ! je n'ai pourtant que suivi le chemin
Qu'a tracé pour mes pas l'inexorable moire.
Hôtes infortunés de l'Hadès sans mémoire,
Il ne faut accuser que le sombre destin.

Son esprit observateur, fin et critique se manifeste
ailleurs. Les cours des savants jurisconsultes n'empê-
chent par son imagination de vagabonder et sa tête de
rêver.

COURS DE DROIT

Il fait chaud, il fait lourd, une voix monotone,
Comme une lente ondée s'abat, et, l'œil atone,
Des crampes dans les jambes et du plomb dans les yeux,
Tenant un porte-plume d'un air calamiteux,
Nous écrivons, guettés par de vastes névroses,
Les élucubrations des juristes moroses
Hantés de souvenirs, d'eaux vives, de fraîcheur
Et de sommeil léger sous les buissons en fleurs.

*
* *

J'ai des yeux virides :
Mon fiancé languide
Dort au fond des mers.
Qui pleure, m'importune ;
J'aime au clair de lune
Entendre un vieil air.

La fée ma marraine,
Qui est souveraine
En d'autres pays,
M'a donné en gage
Beauté et lignage,
Fortune et esprit.

Mon âme bizarre
A des teintes rares
D'un couchant d'hiver ;
Toujours ondoyante
Fol celui qui tente
Ses aspects divers.

Ma seule tendresse,
Mes seules caresses
Vont au lévrier,
Qui d'un air morose
Me suit et repose
Le soir à mes pieds.

*
* *

Je suis un maître chat qui vais
D'un pas indolent et superbe,
Comme parmi ses lourdes gerbes
Un patriarche de Chaldée.

En ma tête le rêve habite :
C'est lui qui donne un reflet d'or
A mes grands yeux, et quand je dors,
L'âme des songes en moi palpite.

Il étudie sans doute les Instituts de Gaiu, les règles d'Ulpianus, les sentences de J. Paulus, il connait les grands travaux de Justinien : le code, le digeste, les Institutes, les Novelles, mais ses préférences vont aux muses.

BONJOUR, MUSE

Bonjour, Muse, ma mie,
Dis quel air de folie
Flotte en tes grands yeux bleus
    Tant soucieux.

Sont-ce les lourds pandectes,
Dont la vue seule délecte
Tant de gens sérieux
    Et ennuyeux.

Qui ont rendu moroses
Ce front, ces lèvres roses
Où le sourire léger
    Vient se poser ?

Ces pages suffisent pour montrer quelles espérances on pouvait légitimement fonder sur un jeune homme en qui se manifestaient de telles dispositions.

Le carnet de route et les notes intimes nous font pénétrer plus avant dans cette âme avide de vérité et de justice qui trouve dans sa foi les lumières pour diriger sa vie et le courage pour pratiquer le devoir.

CARNET DE ROUTE

François Delorme, Sciences politiques, pour l'heure maréchal des logis à la 9ᵉ batterie du 2ᵉ Régiment d'Artillerie de campagne, en raison de l'état inquiétant de cette vieille Europe, qui est encore en pleurs, comme au temps où Jupiter lui donnait des émotions.

A remettre à M. Delorme, Commandant major, au 1ᵉʳ Régiment d'Artillerie de montagne, Grenoble, 2, rue de France (Isère).

1ᵉʳ Août 1914.

« Je regarde prosaïquement Robert du Martray, raccommoder mon pneu, lorsqu'on entend des cris venir de la cuisine. Le facteur vient d'arriver, et, tout ému de la nouvelle qu'il apporte, il se tape la cuisse en disant : « Ça y est ! on mobilise ! »

« Je me sens une barre au creux de l'estomac. A Saint-Romain, les gens sont très bien. Soirée bien languissante au Petit Mareuil. »

2 Août.

« C'est le 1ᵉʳ jour de la mobilisation. Je pars pour Grenoble. A peine dans le train, on se sent happé par quelque chose de très fort et d'inexorable. Des wagons pleins d'hommes qui chantent ou crient. Si l'on ne se souvenait de de Maistre, comme l'idée des trains d'abattoir s'évoquerait facilement !

« J'ai trouvé ce pauvre papa avec une mine soucieuse et fatiguée ! Quelle peine cela me fait !

« Tous ces gens qui partent ont ou paraissent avoir bon moral.

« Que Dieu me fasse la même grâce ! »

3 Août 1914.

« Réveil plutôt triste. — J'arrive au 2e et, au sortir d'une vie fort tranquille et fort libre, je trouve le collier un peu dur ; bref, j'ai le cafard. La guerre est aussi là plus présente, mais elle se mêle tant aux détails du service, que l'on ne peut s'arracher à l'idée que l'on se trouve en présence du traditionnel exercice de mobilisation.

« Les nouvelles les plus invraisemblables circulent. Garros a crevé un dirigeable, les Français sont en Alsace, Metz est pris, des régiments sont anéantis.

« Pour finir, il n'y a pas encore eu un coup de fusil de tiré. »

4 Août 1914.

« Mortelle journée de garde sous une pluie qui ne débride pas. Les réservistes affluent. Il semble qu'une immense pompe aspirante soit appliquée sur toute la France et assemble la population virile en quelques lieux. Ils arrivent par longues théories, poussés par ce vieil esprit de soumission miné dans l'homme et avec lequel voisine si étrangement l'esprit de révolte.

« Leur masse s'étale dans la cour. Ils essayent de sortir. Toujours le même refrain : « Ils veulent casser la croûte, leurs batteries ne leur donnent rien. » Puis ce sont tous les gens qui viennent demander un parent, un ami. Des figures anxieuses et cependant si résignées ! L'esprit général est excellent.

« Puis le soir, se glisse la grande nouvelle : « la guerre est déclarée ! » Et de nouveau je me sens la même angoisse, comme on en a les veilles d'examen ou de rentrée au collège.

« Je voudrais analyser mes sentiments, mais je n'y puis parvenir. Je le sais, et cependant je n'y crois pas. Il me semble que je vis un rêve, un de ces cauchemars de nuit d'orage où le réveil prend les proportions d'une résurrection.

« Cette réalité doit pourtant avoir une physionomie bien particulière. — Je voudrais, comme le brisant dont parle Claudel, m'élever bien au-dessus de la terre, habitations des hommes, et voir leur immense multitude, prise d'une incompréhensible agitation, se réunir en masses compactes.

« Comme un habile chirurgien dissèque un membre, ainsi la mobilisation décortique les hommes du hameau le plus lointain ou de la ruelle la plus obscure.

« En deçà comme au-delà du Rhin, dans la vaste Russie, la nébuleuse Angleterre, l'Autriche bicéphale et parmi ces Etats balkaniques longtemps sorte de pays de la Fable, ce sont les mêmes douleurs et la même angoisse tenaillante ; et cependant tout marche. Ah ! de Maistre, puissant génie, que je t'admire !

« Quelque soit le sort que me réserve votre divine Providence, faites-moi la grâce, mon Dieu, de m'y soumettre, sans murmurer ! »

Mercredi 5 Août 1914.

« En me réveillant ce matin au poste, j'ai eu la sensation, dont je parlais hier, que je sortais d'un mauvais rêve, et cela, je l'avoue, me faisait un fameux plaisir.

« Puis la réalité s'est de nouveau révélée et, ma foi, un quart d'heure assez désagréable.

« Le ronron de la vie militaire a repris, mais singulièrement amplifié. Magasins et arsenaux dégorgent leur réserve, et l'on se sent un véritable plaisir à la pensée que ces choses neuves et luisantes, que l'on considérait un peu comme des pièces de musée, vont enfin servir. »

Jeudi 6 Août 1914.

« Paul Partule est parti hier avec la 1re batterie. Il était dans d'excellentes dispositions. Son père était aussi très courageux. Nous sommes sortis avec les voitures pour essayer les chevaux de réquisition, ils ne sont pas trop mal. Je ne peux arriver à me figurer que ce n'est pas un départ pour la Courtine que nous nous préparons. »

Vendredi 7 Août 1914.

« Les journaux disent que les Allemands ont été repoussés avec pertes devant Liège. Nous partons ce soir à 5 heures pour Besançon, où nous arriverons demain à 10 heures. J'ai passé cette dernière nuit à la maison avec papa. Pauvre papa, j'ai le cœur gros quand je l'entends m'appeler « mon petit ». Dès qu'il en aura fini avec son métier de major, il demandera un commandement. Que Dieu le protège, mais je le comprends trop pour essayer de le dissuader ; ce qui d'ailleurs n'aurait aucun succès. Que son souvenir me soit toujours présent pour bien faire mon devoir. »

Samedi 8 Août.

En chemin de fer.

« Nous nous sommes embarqués hier soir à 7 heures. La batterie est acclamée par les quartiers populeux que nous traversons. Papa vient me dire adieu: « Adieu, mon petit, que le Bon Dieu te garde ! » Sa voix tremble, et moi j'ai la gorge serrée. Je l'aime tant, lui si bon pour nous, si modeste et si savant ! Nous partons à 9 heures 30, je somnole ; à Bourg on se réveille, nous croisons un train de bouches inutiles quittant Belfort, nous filons sur Besançon à travers une campagne déserte et comme frappée de stupeur. Personne sur les routes, la dernière activité économique se concentre autour des champs de blé, où l'on voit quelques paysans et paysannes. De loin, ils nous font signe, dans les gares ce sont des applaudissements, des cris, parfois des fleurs ou du pain et du vin. Les hommes répondent en agitant la main, presque comme un rite. Tous ces honneurs les impressionnent, ils sont gais. De Besançon nous refilons sur Belfort. On suit le Doubs, la ligne est ravissante. A Belfort, on nous annonce que les Français sont à Mulhouse (en fait, je crois que c'est simplement un régiment de cavalerie qui a fait une incursion en territoire ennemi) et qu'il y a des blessés (là on dresse l'oreille). — Le train ne s'arrête toujours pas et se dirige sur Epinal ; on voit très bien le Ballon d'Alsace. A Epinal, dernier arrêt ; nous finissons par atteindre, après 26 heures de voyage (il est 23 h. 30) le but de notre course. C'est Saveline, petit village de 200 âmes, à 25 kilomètres de la frontière. »

Dimanche 9 août 1914.

Saveline, devant Bruyère.

« Nous y avons débarqué hier par une nuit claire et froide.

« Ce matin il ne fait guère chaud ; il parait en revanche que nous cuirons à midi. J'ai dormi une heure sur un peu de paille dans une salle d'école. L'idée de la guerre n'a pas encore pénétré en moi. Je ne peux me figurer que des gens auront le mauvais goût de nous tirer dessus. Hier cependant un aéroplane a lancé deux bombes sur Epinal.

« Enfin à la garde de Dieu !

« Nous partons pour Saint-Jean-du-Marché, où la division se concentre. Le capitaine me fait conduire deux attelages blessés. Promenade agréable. Arrivé à l'étape avec le brouhaha habituel. »

FRANÇOIS DELORME

MARÉCHAL DES LOGIS

Mort pour la France le 3 Septembre 1914

Saint-Jean-du-Marché.

« Joli village dans une vallée riante dont les versants sont couverts de forêts de sapins. La journée est magnifique. Le bleu éclatant du ciel et le noir des sapins, font un contraste superbe. C'est un vrai décor d'idylle.

« Les dépêches officielles annoncent la prise de Mulhouse par les Français. La cavalerie poursuit l'ennemi au nord de la ville. C'est vraiment la main de Dieu.

« Le curé chez qui j'ai été me confesser m'a raconté qu'il tenait d'un capitaine de hussards, que le col du Bonhomme avait été pris par le 15° chasseurs à pied, au prix de grosses pertes. Maintenant nous tenons toutes les Vosges alsaciennes.

Barbey-Seyroux, lundi 10 Août 1914.

« Etape au pas, encadré dans l'infanterie. Toujours ce même pays riant de prairies, de sapins et de sources claires. Nous suivons la vallée de B..., nous passons par Grange, gros village aux allures de petite ville, et nous venons cantonner à Barbey, à 20 kilomètres de la frontière. Toujours le même appareil guerrier dans le plus frais des paysages. Là-dessus un ciel resplendissant.

« J'écoute des soldats qui font la cour à une robuste paysanne. Ce sont des propos épicés du vieux sel gaulois, le goût est parfois douteux, mais on sent là-dessous le penchant moqueur et poli de la race.

« Le moral des hommes est toujours excellent. Seulement pour eux, la guerre évoque l'idée d'une sorte de licence, où la discipline et surtout ce qui concerne les détails un peu minutieux de l'astiquage, des alignements, etc..., doit s'évanouir. »

19 h. 30. — « Nous recevons l'ordre de partir pour Gerbepal, où nous serons en cantonnement d'alerte, puis de là nous irons probablement au feu. Attrait de l'inconnu, vieille hérédité guerrière, tout le monde est très excité.

« Devant Gerbepal, minuit. — Nuit claire et froide. »

Fraize, mardi 11 Août 1914.

(devant le col du Bonhomme)

« Comme il n'y avait plus de place dans Gerbepal, nous avons passé deux heures sur la route. Il faisait un clair de lune magnifique, mais pour dormir c'était une autre question. Nous repartons enfin vers l'Est, passons par Arnauld, et prenons la direction de Fraise. Le col du Bonhomme a été enlevé par nos troupes, on raconte que deux compagnies allemandes ont été anéanties. J'ai un sommeil écrasant, et je m'installe pour dormir, dans un des nombreux lits qu'a laissés, avec beaucoup d'autres choses, l'ancien occupant, le 158ᵉ.

« Le fait d'avoir manqué les Prussiens, cause une véritable déception. On leur en veut presque de s'en aller et de nous voler ainsi une émotion attendue.

« Les Allemands tiennent au-delà du col du Bonhomme par deux batteries armées de grosses pièces. La batterie du 1ᵉʳ de montagne du capitaine Popot s'est distinguée. Entre elle et les mitrailleuses ils ont, paraît-il, détruit deux compagnies allemandes. Il y eu un mort, un sous-officier gravement blessé et un lieutenant blessé légèrement.

« Premier contact avec la guerre. Les brancardiers nous parlent des blessés. Il s'agit justement du pauvre Marchi, il paraît qu'il râle, et le brancardier exprime son peu d'enthousiasme pour ce spectacle. Puis un chasseur qui a eu la main traversée par une balle. Il a l'air un peu hébété.

« Un Polonais a déserté ce matin, c'est naturellement un grand sujet de curiosité. Il fait une chaleur écrasante. »

Fraize, mercredi 12 Août 1914.
(devant le col du Bonhomme)

« J'ai passé une excellente nuit. Nous rentrons dans les casernes du 158ᵉ, mais le commandant disait ce matin que nous allions bientôt partir. Hier, j'ai vu un aɑ·judant de chasseurs qui m'a dit qu'au col il n'y avait qu'une batterie de montagne et le 11ᵉ chasseurs. Ils sont nez à nez avec les Allemands, à 2 ou 300 mètres. Ils n'ont que cinq morts et une vingtaine de blessés. Il paraît qu'une partie des obus allemands n'éclatent pas. Le commandant nous disait ce matin que les Allemands achèvent les blessés ; ils emploient également des balles dum-dum, qu'ils portent dans des paquets de papier blanc sans aucune indication. Les gens du café où je suis, parlent avec un accent guttural en aspirant les *h* et en accentuant fortement. Ce sont des types vigou-reusement accentués. Il y a une vieille qui raconte avec des gestes violents comment ils détestent les Allemands. Le temps est toujours chaud. Je continue à n'avoir aucune nouvelle de personne. Les gens d'ici disent qu'on entend le canon du côté de Saale et de Sainte-Marie-aux-Mines.

18 h. 30. — « On sonne à cheval. Nous partons pour une destination inconnue. Si c'est pour cette fois, mon Dieu, donnez-moi le courage de bien faire mon devoir. »

Au col de Sainte-Marie-aux-Mines.
Jeudi 13 Août 1914.

« Marche de nuit à travers de magnifiques forêts de sapins par un temps doux et étoilé et avec une belle lune. Soudain dans un petit chemin creux on entend la fusillade lointaine.

« Chacun dresse l'oreille. Puis nous nous engageons sur la route du col déjà pleine de fantassins. On s'arrête. Le capitaine appelle la reconnaissance, puis l'ordre arrive de faire avancer la batterie. Ce coup là, ça y est. Il est à peu près 3 h. 30 ! On passe rapidement sur le col où l'on est vu , puis l'on tourne dans le bois. J'ai une traquette intense. Il y a une certaine pagaille ; enfin les pièces sont en batterie, tournant leur gueule vers l'Orient qui se colore d'un beau rouge vif.

« Je redescends aux avant-trains. »

5 h. 45. — « Tout est calme. C'est une belle matinée tranquille qui se lève. Le tournant du col, désert et inondé de lumière, évoque l'idée de je ne sais quelle entrée funeste et lumineuse.

« Je demande au capitaine d'être employé à la batterie de tir, il me met agent de liaison auprès du commandant. »

8 h. 20. — « Derrière les 4ᵉ et 7ᵉ batteries. Elles sont installées à la lisière d'un bois très déclivé. Les pièces sont légèrement enterrées. Le premier blessé vient de passer pâle et appuyant sa main sur son côté percé. »

9 h. 30 (même position). — « Il semble que ça va chauffer. De l'infanterie de soutien arrive. Beaucoup d'hommes ont des figures un peu tirées. Emotion, nuit sans sommeil. Des officiers de chasseurs alpins viennent et s'assoient. Il y a parmi eux un tout jeune sous-lieutenant qui leur verse à boire avec une attention touchante. Tous ont cet air un peu rentré que leur donne le contact du danger.

« Les fantassins sur une longue ligne lâche exécutent leur bond à travers un champ de blé qui s'étend en pente au-dessous des pièces.

10 h. 80. — « Deux obus passent au-dessus du bois. Puis c'est une salve qui éclate dans les arbres, puis les obus se précipitent, en avant, en arrière dans le bois. Je veux aller prendre les ordres du commandant. Une salve arrive, un obus éclate à 15 mètres devant moi ;

ma foi, je fais demi-tour. Je reviens auprès des caissons de ravitaillement. C'est là qu'est mon cheval. Les obus continuent d'arriver par paquet. J'ai une fameuse venette ; mais à côté de moi les hommes ont encore plus peur. Je me donne du courage en les rassurant. Je vais enfin prendre les ordres du commandant, je les porte au capitaine, je reviens auprès du commandant, je repars. Les Allemands nous ont admirablement repérés ; tant la 1re et la 4e, où est le commandant, que sur la 9e et la 5e, leurs obus arrivent avec une implacable régularité. Mais entre tous ces points, il est toute une région tranquille. Je mets mon cheval au pas et savoure un instant le calme de cette belle journée d'août.

« Vers 13 heures, le feu s'arrête, on casse la croûte. La batterie n'a eu que 3 blessés, 2 conducteurs et un servant. Vers 14 h. 30, le feu reprend bientôt, il augmente, le tir est admirablement réglé, la batterie est complètement encadrée. De l'abri du capitaine où je me trouve, on a la sensation que cela ne doit pas aller autour des pièces, les éclatements se précipitent et se rapprochent. Les coups partent également de plus près ; le capitaine m'envoie demander les ordres au chef d'escadron. Heureusemnt cela se calme, je file vite vers la 1re. Là, c'est le calme. Mais les deux batteries quittent leur position ; étant donnée leur situation, ce n'est pas facile. Le commandant est très soucieux, il paraît même un peu déprimé, comme, hélas ! un peu tous les officiers qui se trouvent là. Une partie des arrière-trains se trouve à la queue-leu-leu dans un étroit chemin de forêt. On attend les avant-trains qui n'arrivent pas. Soudain un bruit sournois se répand : l'infanterie allemande ; les fantassins de soutien prennent des airs inquiets, le bruit s'enfle, des avant-trains s'embarrassent dans les arbres ; on veut monter directement à travers bois ; les attelages s'engagent au galop, mais la pente est très dure, des chevaux se cabrent. C'est la pagaille. J'entends le capitaine J.., commander : « Les servants, déclavetez les canons ! » Je ne sais plus où est le commandant, je vais toujours prévenir le capitaine de ce qui se passe, je rencontre le commandant. Il m'envoie dire à la batterie de rester en place. Quand j'arrive, la batterie est partie ; la 5e amène ses avant-trains ; c'est une vraie déroute : des objets abandonnés traînent ; au col, un cheval sans maître broute tranquillement. De l'infanterie s'avance pour défendre le passage du col ; les officiers ont le revolver à la main ; le colonel me dit qu'il vient soutenir de l'artillerie en danger. Le lendemain, des soldats du 140e racontaient qu'on les avait fait venir en leur disant que la cavalerie chargeait. Je descends la route du col et je rencontre l'adjudant qui s'apprête à remonter chercher sa 2e pièce qui a culbuté là-haut, canon et caisson. Je remonte avec lui. En haut nous rencontrons le lieutenant-colonel : « Ordre à tout le 2e de reprendre ses positions. » La 5e est là, déjà presque remise en place, qui arrive. Tout le monde a une figure longue, on se sent repéré et l'on a un peu l'impression que ça va mal tourner. L'on se met à construire des abris, de façon à ce que les servants puissent se mettre à l'abri lorsque le feu deviendra trop violent. Aussitôt toute la forêt retentit de coups de haches, pendant que d'autres se mettent à creuser. La nuit vient ; nous marchons à tâtons, et chacun se couche. Je me glisse sous un abri. J'ai le dos sur un petit remblai et les jambes appuyées sur un caisson. Mais je suis tellement las que je m'endors presque instantanément. »

Au col de Sainte-Marie.

Vendredi 14 août 1914.

« Dès l'aube le travail de mineur et de bûcheron

reprend, on entend craquer les arbres et résonner les hâches.

« Vers 9 h. 30, l'artillerie allemande rouvre le feu. Nous ripostons, mais on ne sait où prendre ces maudites batteries qui nous canardent. Elles, par contre, connaissent bien nos positions, et dès que nous tirons, c'est un déluge. La 5e surtout, la plus près du col, est absolument arrosée.

« Tout s'arrête pour le déjeuner. Le soir, nous continuons à nous fortifier. La journée est chaude et calme, de grandes raies de lumière traversent le bois, on n'entend que le bruit des haches sur les arbres. Vers 4 heures, la batterie de grosse artillerie nous envoie trois coups. Puis elle se met à tirer sur la gauche, on entend une batterie qui semble lui répondre. Le capitaine m'envoie pour leur demander s'ils savent la position de cette fameuse batterie de 150. Je grimpe sur la crête. Je vois arriver les coups de cette batterie derrière la crête en face de moi. Les obus soulèvnt d'énormes gerbes de terre noire ; on voit de grandes flammes s'élever derrière. La batterie de 75 doit être derrière, mais dans quel état ! Je descends dans le vallon ; verdure, fraîcheur d'une eau courante, paix du soir.

« Au-dessus on entend arriver les obus. La crête gravie, je me trouve en face d'une tranchée garnie de nos fantassins. Ils me font signe de me cacher, on les canarde depuis le matin. J'ai la chance de trouver Adrien Paule. Un bout de causette et je refile. En redescendant, un adjudant du 75e veut m'arrêter comme espion. Tous ces fantassins sont un peu démoralisés, ils croient l'artillerie anéantie. C'est bien différent de chez nous, où le moral est redevenu excellent. Les obus allemands ont complètement incendié la maison, qui flambe d'un seul jet ; une grande colonne de fumée monte dans l'air calme. »

Au col de Sainte-Marie.

Samedi 15 Août 1914.

« Nuit excellente, nous commençons à être installés très confortablement. Nos hommes se sont révélés des charpentiers et des architectes. C'est bien le troupier français, dégourdi, un peu frondeur, gouailleur et sentant dans ses veines le vieux sang aristocrate d'une race guerrière.

« Matinée calme, on abat des arbres, on creuse des abris.

« La batterie de 150 tire sur la gauche. L'avion allemand qui est venu déjà hier au-dessus de nos lignes revient faire son petit tour. Il lâche deux bombes qui tombent près de nos lignes.

« Le soir nous tirons sur la gare de Sainte-Marie. Un moment après, les 150 répondent. C'est toujours la même chose. Un petit coup lointain, attention ! un sifflement de plus en plus aigu qui se rapproche, puis boum ! Le tir est toujours fort bien réglé, mais ils tirent sur l'ancien emplacement de la 5ᵉ. Ils tirent également dans le col où ils tuent le capitaine de la 1ʳᵉ compagnie du 140ᵉ, blessant un commandant, un lieutenant, deux sous-officiers et une dizaine d'hommes. La pluie arrive. Je descends aux avant-trains. Les fantassins que l'on rencontre paraissent assez démoralisés. J'apprends la prise du col de Bagenette, sur notre droite. La 7ᵉ et 8ᵉ et des batteries de montagne ont anéanti l'artillerie ennemie ; puis, tirant sur les tranchées d'infanterie, elles l'ont fortement éprouvée. Je remonte sous la pluie, et la nuit je m'égare dans les bois. J'ai l'entière conviction que c'est grâce à bonne maman Delorme, à l'intercession de laquelle je m'adressais, que j'ai pu retrouver mon chemin.

« Hier soir, comme je passais au col, j'ai vu une compagnie du 140e qui rendait les honneurs aux 6 morts qu'ils avaient eus (dont 2 d'ailleurs avaient été tués à côté de là). La scène est impressionnante ; mais un aumônier manque bien. »

Au col de Sainte-Marie,
le dimanche 16 Août 1914.

« Voici la troisième nuit que nous passons ici. Le moral des hommes continue d'être excellent, grâce à ces abris que l'on a construits. La perspective d'avoir un endroit où l'on sera tranquille, permet de supporter le danger de meilleur cœur. Ce matin il passe 8 prisonniers allemands, tout le monde se presse pour les voir. Ce sont de grands diables blonds en uniforme kaki. Des figures assez bonasses, rien des guerriers hirsutes d'Attila. Je demande à l'un d'où il vient : « De la côte Sainte-Marie », me répondit-il avec un mouvement d'épaule de bête traquée.

« A 10 h. 45 nos batteries ouvrent le feu. Rien ne leur répond. On s'étonne. A un moment le capitaine m'appelle alors que les Allemands ont quitté Sainte-Marie-aux-Mines, la fameuse batterie d'obusiers a déménagé à 7 h. du matin. C'est la victoire. La 5e tire à obus explosifs sur le village. La sécurité revient. Cette lisière de bois dont on n'approchait qu'en se courbant, reprend son aspect paisible, et les chemins pleins d'embûches reprennent leur bonne physionomie rustique.

16 heures. — « Nos troupes descendent sur Sainte-Marie, on entend le canon sur la gauche. Il pleut à torrents. »

Sainte-Marie-aux-Mines,
lundi 17 Août 1914.

« Alsace ! Alsace ! La route descend luisante de pluie entre les vallons où le vert des sapins et de l'herbe s'avive sous l'averse. Je me sens une immense joie, mais hélas ! un poison s'y mêle. Je revois la Chambre, cette chienlit d'individus tarés, voilà nos seigneurs, ce sont eux qui parleront de République et de victoire. Cependant j'ai confiance. Dieu, qui protège actuellement si visiblement le Royaume des lys, après l'avoir délivré de son ennemi extérieur, ne peut laisser subsister en lui le ver qui le ronge.

« Voici Sainte-Marie-aux-Mines ; les gens nous regardent avec curiosité, sympathie même, mais je ne vois luire nulle part cette joie des gens qui retrouvent leur patrie. Quarante-quatre ans, c'est bien long, et puis on ne sait si les Allemands ne reviendront pas.

« Sainte-Marie est une petite ville proprette, bien construite, avec un petit air rustique qui évoque Hermann et Dorothée. La ville est pleine de soldats, d'officiers.

« Les physionomies se sont plus les mêmes que sur le col. Le danger est loin et chacun a repris sa gourme. La tenue des hommes laisse à désirer, surtout les gens du convoi, ces arrière-gardes qui ne vont pas au feu, véritable plaie des armées. Ces immenses amas d'hommes qui sont habillés en soldats, mais qui n'en sont pas, attristent. La guerre est une chose terrible , si on lui enlève l'honneur, la discipline, la courtoisie, elle devient une chose ignoble. Les hommes ont brisé des portraits de l'empereur et de l'impératrice Victoria, il y en avait un qui s'acharnait sur le portrait de cette dernière , les coups de pied de cet imbécile sur ce visage royal m'étaient pénibles. Il a plu, le ciel est gris, mais les maisons ont leurs tuiles rouges bien lavées. Je me demande si je ne suis pas un touriste, venu passer quelque temps dans ce pays verdoyant, auquel la pluie même donne un certain charme. »

Sainte-Marie-aux-Mines,
mardi 18 Août 1914.

« J'ai couché dans le Kaff et Restaurafur Glohr que tient M. Glohr, petit vieux au crâne luisant et bosselé. Il fait un matin gris et doux, le ciel est bas et parfois il pluvine.

« Ce matin je me suis confessé et j'ai communié, la seule et vraie force pour ne pas être un lâche devant la mort. J'ai reçu ce matin une lettre de papa, elle a mis 7 jours pour me parvenir, tout le monde va bien. »

12 heures. — « Nous partons pour Saale, via Wissebach, nous repassons au col de Sainte-Marie. La guerre y a mis son sceau et l'auberge Soleil-Levant bée d'un grand trou étoilé.

« Nous voici en route pour le col d'Urbès : toujours le même décor de croupes verdoyantes, de prés et de sapins. Les nouvelles de la guerre, lues en passant à une mairie, sont bonnes, tout le monde chemine allègrement dans la fraicheur du soir. Soudain, une automobile arrive en ronflant. Un officier d'état-major appelle le capitaine : « Il faut se porter au galop sur le col, la situation est mauvaise. »

Le chauffeur, avec une mine peu rassurante, ajoute, en termes moins académiques, que cela ne va pas.

Col d'Urbès, 19 h. — « C'est l'engagement à brève échéance. Une petite journée de colique. Au col, renseignements alarmants d'un lieutenant d'infanterie. L'infanterie allemande avance à grandes enjambées, et rien pour l'arrêter. Nous partons en reconnaissance avec Jouvent, Miard, Marche, revolver au poing. J'entre dans une maison où je trouve un homme du 54e en train de boire un café. Le lieutenant avait rêvé ; néanmoins il faut faire demi-tour.

« Nous descendons jusqu'à Lubine. Les bruits les plus alarmants circulent : batterie anéantie, pièces prises, En redescendant dans le bois, je chemine botte à botte avec le capitaine M..., de la 5° batterie du 54. Il me dit en effet que, sa batterie ayant subi depuis 4 heures du matin le feu le plus violent, ayant elle-même muselé une batterie allemande et fait beaucoup de mal à leur infanterie, il avait dû, deux de ses pièces étant mises hors de service et un de ses caissons enfoncé, abandonner ses pièces. De toute la batterie il ne ramène qu'un avant-train. Les servants se sont merveilleusement tenus sous le feu. Néanmoins, le défilé de ces attelages se suivant à la débandade, éveille une triste idée de déroute. Un conducteur raconte comment ils ont coupé les traits et se sont sauvés au galop sous les obus. »

Lubine, 23 h. — « On rompt le parc, et l'on part pour Provenchères. Ombres glissantes dans la nuit, encombrements, formes penchées et somnolentes. »

Provenchères, mercredi 19 août 1914.

(Au pied du col d'Urbès).

« Nuit passée de garde à l'arrière du village. Ce matin soleil radieux. »

7 heures. — « Nous partons pour le col d'Urbès. Mon Dieu ! faites-moi la grâce de bien accomplir mon devoir.

« Ciel clair, temps chaud. Marche lente, lassée, somnolente, encadrée dans de l'infanterie. Les traits sont tirés, les yeux bouffis de sommeil. De l'autre côté des Vosges, j'imagine les mêmes colonnes portant sous des uniformes étrangers les mêmes fatigues et les mêmes soucis. Expiation ! expiation ! sortie de là, l'intelligence impuissante vacille devant l'atroce problème de cette façon inéxorable, qui précipite les unes contre les autres ces angoisses identiques. »

Cobray-la-Grande. — « Nous sommes en deuxième ligne, pas de danger. Mise en batterie, somnolence. »

16 h. « Départ pour le col d'Urbès. Les gens reprennent courage. Hier, quand nous battions en retraite, croyant à l'arrivée imminente des Prussiens, ils avaient déménagé, et, nous avaient suivis dans notre mouvement de retraite, des femmes, des petits enfants ; baucoup ont passé la nuit sans abri.

« Montée au col par une belle soirée. On entend la canonnade. On bivouaque au dernier tournant, à quelques centaines de mètres de la frontière. »

Col de la Saale,
Jeudi 20 Août 1914.

« A 4 h., on fait demi-tour pour aller au col de Saale. Dès qu'on arrive à la route du col, la guerre apparaît, maisons bombardées, trous d'obus, paquets de cartouches, sacs abandonnés. Sur le col trois maisons brûlées ; nous passons la frontière, des parc sont formés, encombrement. Saale est un joli petit village, nous passons par Bourg-Bruche, Saussures, Champenay, Plaine. »

12 h. — Devant Plaine. — « On met en batterie à côté de batteries du 54° et 6°. On tire, rien ne répond. On se croirait à Chambarand. Soudain voici le coup d'archet des canons de campagne allemands, des panaches de fumée se forment en volutes. L'angoisse commence, pas trop forte cependant, car les 77 ne sont vraiment pas très terribles. Mais soudain voici un coup sourd ; une gerbe de terre et d'éclats. Ce sont les obusiers qui entrent en jeu. Nous sommes derrière un petit mouvement de terrain couronné de sapins, en arrière de nous un ravin assez profond où sont réunis les avant-trains et les échelons de plusieurs batteries. Les gros obus éclatent autour du ravin, puis soudain un éclatement en face des avant-trains de la 9ᵉ ; tout le monde fait : « Ah! » ; d'autres tombent sur des échelons voisins ; dans le ravin on crie, on réclame des brancardiers ; tout ce qui était dans le ravin remonte la pente opposée à nous, avant-trains, caissons ; mais il y a deux chevaux blessés et des voitures restent en panne. Je n'ai rien à faire, mon devoir est d'y aller, mais ce ravin m'inspire une frousse épouvantable. Enfin, Dieu m'aidant, je descends. La première chose que je vois est un blessé étendu de tout son long. Il demande qu'on l'enlève ; il n'y a pas de brancardiers, et, à bras, il n'y faut pas songer ; un autre un peu plus haut contre la lisière de petits sapins. Un conducteur de derrière essaye d'emmener son avant-train. Je l'aide, j'attache, je détache les traits, mes mains tremblent. Je ne m'aperçois pas que les deux chevaux sont blessés. Il faut abandonner l'avant-train. Quelques obus continuent d'arriver, mais assez loin dans le ravin. Je m'aguerris un peu et je vais aider à l'échelon de la 7ᵉ. Un caisson attelé de huit chevaux ne peut arriver à démarrer. Je fais monter les conducteurs à cheval, un d'eux à l'idée d'obliquer un peu sur la gauche. Victoire, nous partons. Coups de fouet, d'éperons, cris ; vite, vite, que l'on sorte de cet enfer où les obus arrivent avec un sifflement terrible. Nous voilà sur le chemin. Ouf ! Mais il y en a encore un. « Il faut redescendre le chercher », dit le lieutenant. Aie ! qu'allais-je faire dans cette galère ? mais je ne peux reculer, j'encourage les hommes et nous redescendons avec deux attelages. En bas, un conducteur de derrière s'évertue à débrouiller ses traits. Je veux l'aider, mais mes mains tremblent. Lui, au contraire, garde tout son sang-froid. C'est un petit noireau à la figure sale. Enfin on réussit à atteler. Tout à coup un sifflement strident, un bruit terrible : Je reçois de la terre dans la figure, un obus vient de tomber de l'autre côté des attelages qui filent à gauche. Un brigadier, Bonfils, est blessé à la cuisse, pour arrêter l'hémorragie, on lui serre un fouet de conducteur. Il y a un autre blessé ; je m'approche de lui : « Ne me touche pas, je suis en deux. » Il croit qu'il va mourir, il appelle le lieutenant, il lui dit son nom : « Gayde » ; le lieutenant l'embrasse. Pan ! Pan ! d'autres obus tombent autour de nous. Je vois le conducteur de derrière qui tripote ses traits. Je m'approche, je crois qu'il attelle. Pas du tout, il dételle, et je ne m'en aperçois pas tout de suite. Mais lorsque je le remarque, il continue de ployer les traits. C'est lui qui commande par un acte, et, ma foi, j'obéis avec satisfaction. Le lieutenant cède aussi à la force de l'acte et commande de remonter. Il y a les deux blessés. Le premier est impossible à remonter, je l'embrasse, il a la joue toute humide de sueur. Quant au brigadier, nous le prenons à bras, que c'est lourd ; jamais je n'arriverai jusqu'en haut. Heureusement voilà les infirmiers. Le brancard ne peut pas s'ouvrir. « Emportons-le à bras » disent les hommes ; mais il y a un infirmier à tête de gouape qui ne veut rien entendre, il engueule ses camarades et d'un coup de pied finit par ouvrir le brancard. Enfin, nous partons, nous franchissons la crête et je commence à renaître à la vie.

« Je n'ose revenir qu'à la nuit tombée. Je trouve le commandant ; il me dit qu'il va coucher sur la position, en avant du fameux ravin. Nuit étoilée. Je remercie Dieu de m'avoir donné du courage. Vers minuit, forte fusillade d'infanterie, quelques balles passent en sifflant au-dessus de nous. Pendant toute cette canonnade, une cigale chantait. »

Devant Plaine,
le vendredi 21 août 1914.

« Réveil glacé au petit jour sous la rosée. Je suis brisé et me sens délabré, fatigué, angoissé. En fait, la journée se passe tranquillement. Nous tirons beaucoup, les Allemands répondent à peine.

« Le général dit au commandant qu'hier le feu de nos batteries a détruit trois compagnies allemandes en colonne par 4 sur la route, à Shermelk. »

Au col du Hans,
le samedi 22 Août 1914.

« Les Allemands ayant repris le Donon, nous avons exécuté hier soir un mouvement de repli jusqu'à ce col qui est sur la frontière.

« Nous retrouvons les belles forêts. Le commandant est très content, il a trouvé des positions excellentes, d'où il bat tous les villages que nous venons de quitter. Ce matin il a plu. Temps bas, brume. »

12 h. — « On reçoit l'ordre de repartir pour Plaine, à 13 h. 30. »

17 h. — « En arrière de Plaine. — « Des blessés du 30e et du 52e arrivent. Il paraît que le premier de ces régiments s'est fait cerner et a eu de grosses pertes. L'artillerie allemande tire sur la reconnaissance du commandant qui se trouve sur la première crête en avant de Plaine. Puis le tir des obusiers se règle sur cette crête où l'on voit s'élever les gros panaches noirs. Les pauvres habitants de Plaine s'enfuient. »

En arrière de Plaine, le 23 août 1914.
(en avant de Champenay)

« Jolie matinée. Nous sommes en batterie en arrière de Plaine. L'artillerie ennemie tire depuis l'aube. Les coups semblent se rapprocher. Deux coups viennent tomber près de la 7ᵉ. »

7 *h.* — « Nous nous replions sur le col du Hans. Chacun quitte avec satisfaction cette position où l'on se sentait peu en sécurité.

« Le pauvre village de Champenay va sans doute être bombardé. Pauvres gens ! Hier, avec l'adjudant, à force d'insistance, nous avons fini par obtenir une salade, un peu de lard et de pain. L'hôtelière était une bien brave femme, madame Martin. J'ai eu la sottise de lui dire que son village allait peut-être être canonné et qu'elle ferait bien de se cacher. « Mon Dieu, nous allons être brûlés ! » Son accent était désespéré, mais sans éclat ; on sentait qu'en elle le ressort était distendu par une trop longue série de misères. Depuis 15 jours, la guerre se promène par là. Ils ont eu les Allemands, les Français. Aujourd'hui comme nous reculons, ils vont avoir de nouveau les Allemands et cette petite navette peut durer. Tous les moyens de communications leur sont coupés et vraiment s'il n'y avait pas de pommes de terre, je crois qu'ils mourraient de faim. Les pommes de terre nous rendent aussi de fameux services et constituent le fond de notre alimentation. Le train régimentaire nous arrive en effet quand il peut, et hier nous n'avons pas eu de pain. En revanche, il y avait de la bonne viande. Il y a bien des jours où l'on a le ventre creux, mais d'une manière générale les ravitaillements ne vont pas trop mal.

« Hier, j'entendais le commandant R., le capitaine P., rendre responsables de cette guerre, Guillaume II et François-Joseph. Il est étonnant d'entendre ces gens, cependant fort intelligents, se contenter de ces raisonnements simplistes. Guillaume II et François-Joseph ne sont que des instruments. Nous expions actuellement le 21 janvier 1793 et les « 3 glorieuses » de juillet 1830. Il n'est pas besoin d'évoquer un Dieu vengeur, lançant sa foudre ; il n'y a qu'à ouvrir l'histoire. Directement ou par réaction, les hommes de 89 ont éveillé l'idée de patrie chez les Allemands, les Italiens. Les Bonaparte ont habilement achevé l'édifice. La République en repoussant l'alliance autrichienne, que sa nature anticléricale réprouvait, a formé la Triple-Alliance et planté la branche de houx au sommet.

« On dit que Sainte-Marie-aux-Mines a été repris. Les pauvres habitants qui nous avaient si bien reçus, ont dû être rudement secoués. L'artillerie tonne. »

15 h. — « Soirée tranquille, soleil voilé, on construit des tranchées. C'est aujourd'hui dimanche. Je pense à toi, pauvre dimanche qui aurait pu se passer à Mareuil dans une paix un peu assoupie. C'est 3 heures, l'heure où l'on éteint les cierges des vêpres. Tranquillement nous rentrons tous, devisant de mille choses indifférentes. Et maintenant ! Mon Dieu, donnez-moi le courage d'être résigné à la commune expiation.

« Je n'ai ces tristes pensées que parce que j'ai à peu près bu, mangé, dormi, que je me trouve en sécurité et n'ayant rien à faire. Autrement l'animal l'emporte d'une manière absolue. Je crois que c'est voulu par la Providence, car si j'avais le loisir de me représenter vraiment la misère de ma situation présente, je ne sais si j'aurais assez de force de caractère. »

Au col du Hans,
le lundi 24 Août 1914.

« La canonnade a commencé à l'aube. Depuis une demi-heure il y a des coups qui viennent dans la direction du col. Des blessés du 256e passent. Au premier coup qui est venu dans notre direction, j'ai eu la frousse, panique avec colique, cherchant anxieusement un abri.

Maintenant les coups s'éloignent, aussi cela va mieux. Un blessé du 256ᵉ dit qu'ils ont chargé les Allemands à la baïonnette et les ont repoussés. Des blessés de la 3ᵉ batterie arrivent. L'un d'eux dit que la batterie a été très éprouvée. Le capitaine F... serait blessé. »

10 h. — « La fusillade semble se rapprocher. Il fait un soleil resplendissant avec une brise légère. Paysage d'arrière de champ de bataille : des ambulances sur la route, des infirmiers, quelques chevaux avec leurs cavaliers pied à terre, un avant-train arrêté dans le pré. Sur la route, nos avant-trains qui descendent, caissons de ravitaillement qui montent. »

Mardi 25 Août.

en avant d'Hurbach.

« Nous avons dû abandonner hier le col du Hans ; nos batteries, comme toujours, ont été écrasées par les obusiers. La 1ʳᵉ batterie a été très éprouvée, 6 morts, 22 blessés ; 2 de ses caissons ont sauté ; sur 24 servants il n'en reste, dit-on, que 5 de valides. Elle a dû abandonner son matériel après l'avoir mis hors d'usage. Le sous-lieutenant de l'échelon a été tué. La 3ᵉ a été également éprouvée et a dû abandonner son matériel. Le soir elle est retournée le chercher et je l'ai vu ramener 3 caissons. La 2ᵉ a eu des pertes, mais a pu sauver tout son matériel. Le commandant R., du 1ᵉʳ groupe, a été blessé à l'épaule. Le capitaine P. et le lieutenant S., ont été blessés. Le 256ᵉ et le 75ᵛ ont été également assez éprouvés. Le lieutenant-colonel nous fait descendre sur Belval. »

16 h. — « Ordre de ramener un canon et deux caissons que la 7ᵉ a abandonnés sur sa position de batterie. Nous partons Imbert, Nuais et moi, avec deux avant-trains et 6 servants. Au col, nous trouvons le lieutenant L. Frousse, belle lumière tranquille dans les sapins. Tout

se passe bien, sauf au col où nous sommes salués par
de la fusillade. Ce sont les premières balles que j'entends
siffler. Sur le dos d'âne du col, un caisson attelé, immo-
bile avec son porteur de derrière tué. »

Mercredi 26 Août, devant Hurbach
et à Moyenmoutier (au champ de la Cor).

« Il s'est livré hier un combat important dont je n'ai
guère entendu que le bruit, sauf un petit morceau
choisi : la destruction d'une batterie allemande par le
capitaine M. Le capitaine est en avant de la batterie,
dans un pré sur la crête, sa lorgnette à la main comme
un chasseur à l'affût. J'apporte l'ordre de changer de
position. « Impossible, je viens de découvrir de l'artillerie qui se met en batterie. » Les commandements se
pressent. Angle de site 20, diminuez de 100, 2800, 2400,
2600. Le signaleur transmet. Les salves partent ; là-bas,
au-dessus d'un pré encadré de bois, on voit les panaches
blancs : « A obus explosifs ! diminuez de 20, diminuez
l'échelonnement de 5. » Un peu à droite de gros panaches noirs s'élèvent.

« A côté de moi sur la route passent des cavaliers qui
poussent des exclamations de plaisir : « Ah ! mince
alors ! Regarde-les qui courent ! » Quel contraste ! d'un
côté des commandements précis, mathématiques, une
jolie manœuvre précise ; de l'autre des poitrines trouées,
des membres fracassés, la mort, la souffrance.

« Deux obus arrivent de la batterie allemande trop
courts, geste vain d'un ennemi expirant. Le capitaine
se baisse un peu ; la lorgnette toujours à l'œil, il est
bien le chasseur tenace qui ne lâche pas sa proie ; et, de
chez nous les obus partent par rafales dans de grands
éclairs.

« Aujourd'hui temps gris. La canonnade a repris dès
l'aube. Les obusiers allemands bombardent actuellement Moyenmoutier. »

10 h. 30. — « On annonce une grande victoire du côté de Nancy. Les forces Allemandes refluent de notre côté, on en signale des masses profondes du côté de la Chapelle. De notre côté la canonnade redouble. Le temps se lève. »

17 h. — « La canonnade a continué toute la soirée. Les Allemands bombardent tous les villages. Il n'est rien tombé à la ferme du champ de la Cor, où nous sommes depuis ce matin.

« Ce matin j'ai été envoyé en reconnaissance avec Martinon ; on ne savait pas si nous étions en présence des troupes allemandes ou françaises. Nous dépassons le derniers postes d'infanterie. Route déserte et menaçante. Nous traversons La Chapelle, montons un chemin à gauche ; pied à terre derrière une crête, je regarde à la lorgnette, et à environ 1500 mètres, 3 cavaliers se promènent tranquillement sur la crête. Bleu, rouge, réséda ? Impossible de le distinguer. Ce sont trois silhouettes et voilà tout. »

Le jeudi 27 août.
(le Pair, Monpatelize).

« La canonnade recommence dès l'aube. Je porte un ordre à la section du capitaine G. Les fantassins dégringolent 2 cavaliers allemands. Les chevaux s'enfuient, on voit un pauvre diable blessé qui se traîne. Je reporte la réponse du capitaine. Dès la sortie de La Chapelle, les balles me sifflent aux oreilles. Je pousse mon cheval à fond, les balles crépitent de tous les côtés. Ma bourrique n'avance plus. Je mets pied à terre et la traîne par la bride, tout à coup elle s'abat. Adieu. Je file à travers un champ de pommes de terre, essouflé, les jambes brisées, pensant à Rostow à *Schongraben*. Je sens une chaleur à la cuisse : aïe ! touché ! Néanmoins, du moment que je peux trotter, il y a du bon. J'attends enfin

la lisière de ce bienheureux bois, où je m'abats épuisé.
Je repars, encore une partie découvrte qui me paraît
immense, enfin j'attends le commandant. Il me fait
monter sur un avant-train. Du 2ᵉ il ne reste qu'un char-
riot de batterie ; par frousse, je suis obligé de monter
sur les avant-trains du 6ᵉ. Je suis ballotté ainsi un certain temps. Enfin le Bon Dieu me donne du courage et
je vais demander au capitaine B., qui se met en batterie, de m'employer. Justement il a eu un chef de pièce
blessé la veille, il me donne le commandement de sa
pièce, la 2ᵉ. La batterie est en position au-dessus de
Saint-Michel-sur-Meurthe, dans un terrain en pente et
bourbeux où les pièces s'enfoncent. On tire, soudain un
éclaireur arrive : « Mon capitaine, une batterie allemande qui se met en position en face de nous ! » Tout
le monde aussitôt s'active avec une hâte fiévreuse. Puis
les commandements se pressent. Presque tout de suite
on passe à obus explosifs. Chacun regarde avec amitié
les longs obus jaunes avec leur petit chapeau noir. Sur
la droite le 150 allemand, répond, mais ses coups tombent à droite dans un vallon. Un cavalier arrive :
« Amenez les avant-trains ! » Le ressort magique qui
dressait tout le monde autour des pièces s'affaisse
aussitôt. Le vieil instinct de conservation se réveille.
Vite que l'on se hâte avant que les sinistres panaches
noirs viennent dans la batterie. On s'installe aux roues,
on démarre les pièces du terrain fangeux. Nous voilà
enfin sur la route. On entend éclater les obus à gauche.
Nous travrsons Saint-Michel-sur-Meurthe, où l'on voit
quelques rares habitants. Nous traversons la Meurthe.
Les obus tombent maintenant sur Saint-Michel. Nous
nous dirigeons sur Monpatelize. A l'entrée de ce village je vois passer le capitaine G.., avec sa 2ᵉ section. Je
ne comptais plus les revoir. Ils se sont sauvés grâce à

la bravoure de l'adjudant R., qui s'est fait canarder comme un lapin, en allant reconnaître un chemin. Ils ont dû faire le tour par Moyenmoutier. Il y a eu un conducteur tué (Lavy) avec ses deux chevaux et un autre blessé (Roux). Le soir mise en batterie au S.-O. de Monpatelize. Tout le groupe est sur une ligne. La 8e tire beaucoup. Les allemands bombardent le village de Saint-Rémy avec leurs obusiers. Toute la soirée on entend au loin une violente canonnade : vers Rambervilliers, disent les uns, vers Baccarat, Lunéville, disent les autres ; on prétend que c'est le général de Castelnau. »

Vendredi 28 Août.
La Bourgonce, Autray, Vinieul.

« Le soir nous cantonnons à la Bourgonce. Toujours pas de cheval. Je fais la route sur un caisson de l'échelon. Nous partons d'abord dans la direction de Saint-Rémy. Puis l'on fait demi-tour. Nous prenons la route de Rambervilliers, nous la quittons à Fraispertires pour obliquer vers le sud. Nous passons à Housseras et faisons la soupe à... On entend dans l'Est une très violente canonnade qui dure toute la journée. »

Samedi 29 Août,
Vineuil, La Bourgonce.

« Journée de repos à Vineuil. Les soldats pillent en partie la boutique d'un malheureux épicier sous le prétexte invariable : espion prussien. Je me laisse dominer par le virus libéral et me conduis mal dans cette circonstance. »

10 h. – « On rompt le parc. En route pour la Bourgonce. Le canon continue à tonner depuis le matin, mais plus lointain et avec des intermittences. Sur la route les blessés devant Saint-Dié et les malheureuses populations en fuite entassées sur des chars-à-banc, dans les équipages les plus divers et avec sur la figure un air de résignation un peu hébété. Pitoyable tableau digne du crayon de Callot.

« Le capitaine m'envoie en avant prendre les ordres du commandement. Le canon augmente d'intensité. La vieille carcasse voudrait bien se trouver ailleurs. Au débouché de la forêt, la vallée est toute retentissante de la canonnade. Une batterie française est sur la crête (la 4ᵉ), défilée derrière un mouvement de terrain ; on voit l'éclair des pièces. La route s'étend avec un air paterne ; des fantassins regardent à l'orée du bois. En avant. Soudain au-dessus de la batterie, on voit des panaches blancs se former, et le miaulement aigu de l'obus se fait entendre. Les avant-trains sont au-dessous, à l'abri d'un repli de terrain. Les coups tombent bien sur la batterie. Je trouve le commandant. Ils n'ont pas été vus, c'est le calme des bois par une belle soirée, lumière dorée et tranquille dormant sur la mousse. Au retour, sur la route, un fantassin m'avertit : « Attention, ils tirent sur la route ! » A la grâce de Dieu ! la pauvre existence n'est vraiment pas grand'chose en face de sa puissance. Réconforté par cette pensée, je pars au trot. Pan ! pan ! Des obus me passent par-dessus la tête. Soudain, le redoutable sifflement s'approche de moi avec une acuité terrible ; j'arrête mon cheval et fais le gros dos sans penser à rien. Pan ! pan ! A trente mètres de moi en plein sur la route, deux énormes panaches de fumée noire. La frousse me prend, je manque tout à fait de confiance en Dieu et je pars au triple galop. Pour traverser la fumée des obus, mon cheval renâcle et refuse. Je suis poudré de terre. Munitions à conduire, demi-tour route encombrée, cercle d'incendie à l'horizon. Retour lent et somnolent à Brouvelieures. »

Brouvelieures,
le dimanche 30 Août 1914.

« C'est aujourd'hui l'ouverture. Quelle revanche pour les lièvres !... Journée tranquille. Grand mouvement de fourgons et de caissons. »

18 h. 30. — « Ordre de partir. Nous quittons Brouve-lieures aux cloches des vêpres et nous nous dirigeons vers la Bourgonce, où, paraît-il, les Allemands ont reculé. On s'arrête au col. Au pied du col une batterie essaye de nouveaux obus qui portent, dit-on, à 9500 mètres.

« J'ai reçu une lettre de tante Marie-Thérèse et de papa. Jacques lui a télégraphié qu'il avait été blessé, une blessure sans gravité. Il se trouve actuellement à l'hôpital d'Engel-le-Chenois, à Belfort. Fasse le ciel que ce soit réellement peu grave et qu'il soit ainsi tiré d'affaire de la campagne avec honneur. »

A l'Est de la Bourgonce,
lundi 31 Août 1914.

6 heures (château de Thonéos). — « Vue du champ de bataille. Un pauvre caporal de chasseurs tué au bord de la route, en avant du bois une position de batterie mitraillée, caissons abîmé, chevaux tués, dans le bois encore des chevaux tués, un soldat mort. Le commandant dirige une pièce pour la placer au col des Jumeaux. Brouillard matinal, au col grandes raies de lumière à travers les sapins, chasseurs endormis au pied des arbres. Calme, fraîcheur. Le canon commence à tonner. »

14 h. — « Nous passons la journée dans un petit castel rococo, qui semble construit en carton. M. Nicolas, 75, rue Nollet, Paris, professeur au lycée Carnot, y villégiaturait. Les propriétaires sont de très bons catholiques en même temps que des gens de goût. Trois beaux tableaux dans le salon. Je me croirais à Mareuil. C'est le calme des maisons de campagne. Le 75ᵉ se porte sur le village de Saint-Remy, notre artillerie l'appuie et ouvre un feu violent sur le village.

« Sur la droite du château, les Jumeaux ; les obusiers allemands tirent de l'autre côté sur les batteries du 6ᵉ, à Saulxerais.

« En face de nous, Moupatelize, sur lequel tombent nos obus ; à gauche, Saint-Rémy.

« Nos batteries ouvrent un feu violent sur Saint-Remy et les vallées qui l'avoisinent (tir sur zone). Le poste des deux capitaines est dans une maison. Sur la table, des débris de repas, poulet entamé, verres, assiettes. Des fenêtres, ils transmettent leur commandement. Il faut activer le feu, et les panaches blancs se détachent sur le fond vert des sapins et sur le village. Dans le décor pacifique de la maison, ils ont l'air de deux tranquilles tireurs à la cible. Pensent-ils aux Allemands sur qui tombe l'averse de feu que leur commandement déchaîne ? Je viens à me le demander. Leurs préoccupations sont toutes techniques : éclatement trop haut, trop bas, redressement du faisceau, front à battre. Là-bas cependant, un observateur nous l'apprit depuis, nos obus produisaient de terribles ravages, et les fantassins allemands, fauchés par les gerbes de balles, tombaient en maudissant ces paisibles ouvriers de la mort.

« Le soir nous retournons bivouaquer à la Bourgonce. »

A l'Est de la Bourgonce, mardi
1ᵉʳ septembre 1914.

(Château de Thonéos)

7 h. — « Les batteries ont repris leurs positions d'hier, et nous voici réinstallés au château du Thonéos, où

nous commençons à prendre tout doucettement de petites habitudes de propriéaire. La soupe mijote. Le matin est beau et frais. J'oublierais la guerre, si la fusillade ne reprenait, accompagnée de la basse profonde du canon et du trille des mitrailleuses.

« Cette canonnade que j'ai entendue le 28 août, était l'écho d'un violent combat qui s'est livré autour de Saint-Remy. La 9ᵉ a été très fortement engagée. Ils sont restés près de trois heures sous une véritable pluie de fer. Ils étaient canardés par deux batteries de 77 et une de 105, et très bien repérés. La 3ᵉ pièce a eu quatre servants blessés, le milieu du bouclier complètement tordu par un obus arrivant de plein fouet et qui y a d'ailleurs laissé l'empreinte de son ogive. Le général les avait autorisés à abandonner leur matériel. Ils l'ont sauvé cependant en tirant les pièces au moyen de cordes à chevaux. Ayant enfin attelé, ils repartaient. Patatras ! une pièce s'embourbe jusqu'aux essieux, le timon casse. Il faut en fabriquer un autre, fabriquer des leviers, mettre des pièces de bois pour soulever le canon. Tout cela, pendant qu'à 30 mètres d'eux tombait une pluie d'obus. Heureusement ils n'étaient pas vus et ils ont enfin pu partir sans incident.

« Hier un habitant de Monpatelize racontait ses malheurs et comment sa maison avait été brûlée ainsi que quatre autres et l'église. Je m'apitoie sur l'église. Une trompette réplique : « S'il n'y avait que celle-là, ce ne serait rien. Il n'y a pas de bêtes dans l'église. » Un ignoble respect humain me ferme la bouche. Mon Dieu, pardonnez-moi.

« Le capitaine Bissonnet, le maréchal des logis Brunet, Maurice, Talaban, ont été tués. Le capitaine Piet est blessé. »

11 h. — « Le groupe dirige un feu très violent sur le village de Saint-Remy qui flambe.

« Les Allemands répondent, une salve de 150 tombe entre Monpatelize et nous. La plupart des coups sont dirigés sur les Jumeaux.

« Le capitaine Nugues vient d'être tué à son poste d'observation au Petit-Jumeaux. Un obus éclate à côté de lui. Nous faisons là une perte irréparable.

« On descend le corps du capitaine Nugues, il est absolument déchiqueté. Je le veille pendant un instant. Le soir on le redescend à la Bourgonce. La bière confectionnée par les hommes de la 8e est mise sur l'échelle observatoire. Officiers, sous-officiers, suivent à pied, tête nue, derrière la batterie qui descend former le parc à la Bourgonce. Une fosse a été creusée dans le cimetière. Le cercueil, porté par les sous-officiers de sa batterie y est descendu. Le commandant prononce un petit mot très bien et qu'on sent parti du cœur. Le capitaine Nugues et lui éaient de très bons amis. Tout le monde pleurait. Je reproche au petit mot du commandant de n'avoir pas même fait allusion à l'autre vie. Un *Pater* et un *Ave* sur cette tombe auraient pourtant été meilleurs que les plus beaux discours. Je vous remercie, mon Dieu, de la grâce que vous m'avez faite en me donnant la foi. »

A l'est de Bourgonce (château de Thonéos),
le mercredi 2 septembre 1914.

« Pour la troisième fois nous voyons le ciel se colorer derrière Les Jumeaux, tandis que s'élève doucement la brume matinale. Que me réserves-tu, journée qui te lèves si paisible au bruit de la canonnade ? »

..*14 h.* — « Après avoir battu la route de Monpatelize, les Allemands avec leurs obusiers tirent sur nos batteries. Je me préparais à ingurgiter ma soupe, lorsque le premier obus tombe non loin de la maison où retentit un cliquetis de verre brisé. Le commandant nous dit de nous retirer dans le creux, ce que nous faisons avec une évidente satisfaction. Nous sommes à l'abri, et un seul éclat passe en bourdonnant au-dessus de nos têtes. A la 9e par exemple, un obus tombe sur l'abri de la 2e pièce, tue raide deux hommes (Redealli et Silvet), en blesse deux autres. Ance a eu de la chance ; on venait de l'appeler à la 1re pièce près de Jouvent blessé, lorsqu'un obus est tombé exactement à la place qu'il venait de quitter.

« Les Allemands continuent de tirer avec leur 77 sur Saint-Remy et un peu sur Monpatelize. Le téléphone joue un grand rôle, il paraît rendre de grands services. Il relie la division à un kilomètre de Bourgonce jusqu'à la Croix-Hidoux où est le 6e.

« Le bombardement des batteries n'a pas duré longtemps, et nous sommes venus réoccuper le paisible château de Thonéos. »

16 h. — « La canonnade continue par intermittence. Il fait un temps splendide.

Septembre : la journée est transparente et pure.

Les montagnes dont le cirque ferme l'horizon, se détachent dans l'air fluide et léger. Leur vert manteau de sapins resplendit dans la douce lumière.

17 h. — Sous le feu des obusiers — « Tu trembles, vieille carcasse ! »

« Dans la paix sereine de ce soir, je ne peux croire à l'obus meurtrier qui éclate en soulevant une sinistre gerbe noire. Cependant en un bruit fracassant, ils éclatent alentour. Que ce petit vallon est tranquille, et qu'il y ferait bon passer des heures lentes et douces ! Une vache beugle.....

JOURNAL INTIME

Le 19 Mai 1914.

« Que le goût ignoble du cabotinage est donc ancré en nous ! Je ne saurais écrire une ligne sans penser qu'elle doit être lue, et j'entortille les mots pour tâcher d'avoir de l'esprit.

« Mon Dieu, je voudrais chaque soir me voir tel que je suis, me passer une revue de détail. Vous m'avez fait l'immense grâce d'apprendre à vous connaître vraiment et de voir que votre sainte religion n'est pas un épouvantail pour la nuit, mais un secours tout puissant contre tout ce qui nous entoure et contre nous-même. Donnez-moi la grâce d'être calme et de tenir en bride mon imagination. »

Le 21 Mai.

« Ile est lamentable de constater combien l'on sort peu de soi-même. Aujourd'hui les Paillon m'ont emmené avec Jacques déjeuner au café Riche. J'en ai éprouvé un immense sentiment de satisfaction, et il me semble extraordinaire que toute la terre ne soit pas informée de ce grand événement et ne me regarde pas avec admiration.

« Humble et doux de cœur : » que cette maxime est belle ! hélas, que j'en suis loin ! »

Le 26 Mai.

« La révolution française, ou plutôt européenne, a été un appel fait à toutes les passions par toutes les erreurs : elle est, pour me servir de l'énergique expression géométrique, le mal élevé à sa plus haute puissance.

« Les crimes des peuples naissent de leurs erreurs,

comme dans l'homme l'action suit la pensée. Un peu plus tôt, un peu plus tard, toujours 89 aurait produit, 93 et le produirait encore aujourd'hui.

« Il faut marcher avec son siècle, disent les hommes qui prennent pour un siècle les courts moments où ils ont vécu. Mais depuis Tacite on appelle l'esprit du siècle tous les désordres qui y dominent ; ce n'est pas avec un siècle, c'est avec tous les siècles qu'il faut marcher ; et c'est aux hommes, quelquefois à un seul, qu'il appartient de ramener le siècle à ces lois éternelles qui ont précédé les hommes et les siècles, et que les bons esprits de tous les temps ont reconnues. »

« BONALD. »
Le 26 mai, 10 h.

« Sur notre nature si veule, il n'y a que la cravache qui produise de bons effets. Autrement, après quelques bonnes intentions, c'est le retour au vieux vomissement. De temps en temps, mon Dieu, cinglez-moi vigoureusement. Je voudrais faire courir devant moi celle sale nature qui me domine et la rouer de coups jusqu'à ce qu'elle crie merci.

« Mon Dieu, faites-moi la grâce de ne pas être en perpétuelle admiration devant tout ce que je fais : de ne pas continuellement me faire des révérences, d'être enfin Un. »

30 Mai.

« Si nous pouvions nous rendre compte bonnement que nous ne sommes ici-bas qu'en passant, comme toutes choses, au simple point de vue humain, nous deviendraient plus faciles !

« Me voici à 23 ans ; en mettant tout pour le mieux, il me resterait 60 ans à vivre. Ce laps de temps n'est pas tellement considérable que l'on ne puisse compter toutes les secondes qu'il renferme en moins d'un quart d'heure.

« Ce n'est vraiment pas la peine de se ronger le foie pour la moindre blessure faite à son amour-propre. La pratique de la religion catholique nous prive de beaucoup de ces plaisirs à l'arrière-goût de cendre, mais quelle consolatrice !

« Il est vrai qu'il faut être malheureux pour en comprendre toute la vertu. Je vous remercie, mon Dieu, de m'avoir frappé d'une façon bien légère comme un père qui a pitié de son enfant.

« Vanité, vanité, que ne puis-je te bâillonner et te rouer de coups. »

6 juin.

« Pauvre vie si courte et toujours exposée, de quelle force tu nous tiens cependant ! Dans le silence de ma chambre j'arrive parfois à me représenter combien tu es vaine, mais dès que je sors et me mêle de nouveau à mes compagnons de voyage, avec quelle force tu me ressaisis !

« Pouvoir tenir son âme entre ses mains, quelle chose superbe ce serait ! Je suis parti pour une longue route sur un cheval ombrageux. Il faut toujours garder la jambe prête et la bride tendue ; au moindre écart, des coups de cravache sans crainte d'abîmer le poil et des à-coups sur la gueule, sans crainte de la lui abîmer. La bourrique est solide.

« Prends garde de ne pas prendre l'intérêt de Dieu pour le tien propre et d'agir plus par rancune ou simple vanité que par amour de la justice. »

9 juin.

« Si la pensée de la mort pouvait ne pas nous quitter, comme nous serions plus heureux et comme tout nous paraîtrait simple et de facile exécution.

« Ce qui nous rend la vie si pénible, c'est que nous ne voulons pas accepter l'idée du malheur ; si nous le regardions comme une chose normale, nous serions bien plus heureux. Sans aucun paradoxe, ce serait la seule manière de trouver le bonheur.

« Mais, hélas ! combien cela est difficile et que les pauvres gens qui ne sont pas catholiques sont à plaindre ! »

8 juillet.

« A proprement parler, l'homme est fou comme le corps est malade par nature. La raison, comme la santé, est en nous un équilibre momentané, un bel accident. »

« Taine.. »

Analysant la situation déplorable que fait souvent à nos consuls notre 3e République, M. Thomas Laborre se demande à qui il faut s'en prendre. Aux hommes ? aux principes mêmes de nos institutions ? ou bien notre République serait-elle, ajoute-t-il, citant Tocqueville « atteinte de ce mal sans nom qui n'attaque d'ordinaire que les vieux gouvernements, sorte de consomption sénile qu'on ne saurait définir autrement que la difficulté d'être.

17 Juillet.

« Efforce-toi d'être toujours modéré dans tes paroles. Méfie-toi des « généreuses colères ». Toutes les fois que tu t'es livré à des éclats, vois combien tu l'as regretté. Par un choc en retour, tes actes sont devenus après vacillants, et souvent ce que tu avais commencé par de grands coups de trompette s'est terminé par de bonnes petites lâchetés.

« Ne te laisse pas influencer par les propos que l'on

6

te tient, et, avant de prendre un parti décisif, écoute un peu les deux sons de cloche, et persuade-toi bien que le parti pour toi le plus raisonnable, même au point de vue humain, est celui que ta conscience de catholique te commande de prendre. »

LE LIEUTENANT
Jacques DELORME

François Delorme suivit les cours de l'Ecole des Sciences politiques lorsque son frère Jacques, un peu plus jeune, après un an de service au 138e régiment d'infanterie à Givet, fut admis à Saint-Cyr. Cette année 1913 fut pleine de charmes pour les deux frères qui s'aimaient tendrement et trouvaient un grand plaisir à se voir souvent et à passer ensemble une bonne partie de leurs dimanches. Ils aimaient alors, dans l'intimité, à parler de leurs parents, à se communiquer leurs impressions, à se rappeler le temps passé au Petit Séminaire de Clermont ou à Grenoble.

Ce bonheur si légitime ne devait pas être de longue durée. Jacques savait qu'il quitterait l'école militaire après une année, il était de la promotion de Montmirail. Il était sur le point de sortir avec le titre de sous-lieutenant lorsque fut ordonnée la mobilisation.

Il est nommé d'ailleurs au 23e régiment d'infanterie à Bourg, où il ne fit que passer, il quitta aussitôt le dépôt pour rejoindre son régiment dans les Vosges.

Il prit une part active à la campagne en Alsace et fut grièvement blessé le 10 août, durant la retraite qui suivit la première prise de Mulhouse. Laissé sur le champ de bataille, il tomba entre les mains des Allemands, fut transporté à Mulhouse où des sœurs alsaciennes le soignèrent avec beaucoup de dévouement.

Dans une action énergique, le général Pau ayant réussi à s'emparer de la ville, il délivra aussitôt les malades et les blessés. Notre jeune sous-lieutenant fut dirigé sur Lyon, il y séjourna durant quelque temps et fut envoyé en convalescence dans sa famille à Grenoble.

Il fut content de revoir ses parents, de leur faire le récit des mois écoulés, de dire ses appréhensions lorsqu'il se vit blessé et entouré d'ennemis, sa joie de la délivrance, mais il lui tardait de retrouver son régiment, afin de servir son pays. Il ne voulut pas attendre sa complète guérison pour rejoindre son dépôt. Combien de nos anciens ont ainsi fait violence au major pour obtenir l'autorisation de partir !

En février 1915, il se rend à Bourg et bien qu'impatient de reprendre sa place face à l'ennemi, il est contraint d'attendre plusieurs semaines l'ordre de départ. Qu'ils lui parurent longs ces mois passés au dépôt dans la vie la plus active mais loin du front !

Enfin, en juin ses vœux sont exaucés, il est envoyé au Ban-de-Sapt, dans les Vosges. Sa satisfaction est d'autant plus grande qu'il se trouve près de l'endroit où est tombé le frère dont la mort lui avait causé une très vive douleur. Il fit un pèlerinage vers la croix, aux pieds de laquelle repose François Delorme, si tendrement aimé et Dieu seul sait quelle prière fervente sortit de cette âme et quelles nouvelles résolutions généreuses furent inspirées à ce cœur aimant. Jusqu'au milieu de décembre, il occupa les tranchées, partageant la vie de ses hommes, fidèle à tous ses devoirs, attentif à soutenir par l'exemple et la parole le moral des troupes. Le 15 décembre, il prenait sa permission régulière et se rendait à Lyon, où il avait la joie de trouver son père, le commandant Delorme, venu lui-même en permission du front de l'Artois.

Jacques pouvait rester dans sa famille jusqu'au 22 décembre, mais s'il était heureux d'embrasser ses parents, il ne désirait pas moins suivre son régiment. Au moment où il quittait le front, il avait rencontré le médecin du régiment, permissionnaire comme lui, et n'ignorant pas qu'en cas d'attaque, le major serait immédiatement rappelé ; désireux de marcher à la tête de ses hommes, il avait *exigé* de lui la promesse ferme qu'en cas de rappel, il l'aviserait par dépêche.

Le télégramme arrivait le 28 et sans retard, quatre jours avant la fin de la permission, le sous-lieutenant Jacques Delorme quittait sa famille pour rejoindre ses soldats.

Le régiment était transporté en automobile le 21 jusqu'à l'Hartmanswillerkoff. C'était le soir, il y avait 18 degrés de froid et l'assaut fut aussitôt ordonné. Les mitrailleuses étaient dissimulées de toutes parts dans les rochers, aussi le peloton que commandait Jacques, fut-il presque totalement détruit. Lui-même est atteint par plusieurs balles et tombe sur le terrain du combat. A ce moment, un mouvement de recul se produit et le jeune lieutenant est abandonné dans une tranchée. Ses hommes veulent aller le chercher, six se présentent pour cette périlleuse mission ; trois sont tués, les autres blessés ; on doit renoncer à une nouvelle tentative. Les Allemands restaient hélas ! maîtres du terrain.

Dans une lettre à Madame Delorme, le major dit la peine immense que leur cause la mort de Jacques. Il eut voulu ne pas le prévenir de l'imminence du combat, mais il était tenu par l'engagement qu'avait exigé le jeune lieutenant. Il exprime la douleur ressentie par tous devant la dépouille mortelle du lieutenant et il rappelle la joie éprouvée par ses hommes au moment de l'attaque, lorsqu'ils le virent à leur tête. Il était en effet un des jeunes chefs qui inspirent confiance et conduisent à la victoire. C'est bien ce qu'affirmait dans son langage particulièrement expressif, son ordonnance, le fidèle Desplanches : « Il nous avait dit tant de paroles de courage, que personne n'appréhendait. »

Jacques Delorme, nommé lieutenant le matin même de l'attaque, était cité à l'ordre de l'armée. « Officier très courageux, modèle d'abnégation, déjà blessé au début de la campagne, est mort pour la France, au moment où il entraînait son peloton à l'assaut d'une position fortement organisée. »

Les passages de sa correspondance que nous reproduisons, permettront de faire connaître mieux que nous ne le saurions faire, cette belle âme modèle d'abnégation, avide de sacrifice, épris de l'Idéal chrétien et entièrement au service de la France.

Saint-Cyr, 1er Août 1914.

« Ma chère Maman,

« Je ne sais comment les choses tourneront, mais avant de partir, je pourrai vous embrasser et vous dire adieu. Je vous prie seulement de ne pas vous inquiéter de moi. Je pars avec la volonté de n'avoir confiance que dans le Bon Dieu. La mort ne m'effraye pas trop, et vous pourrez être sûre que je ferai mon devoir jusqu'au bout ; ne pensez pas à moi, je suis le plus heureux du monde et prêt à bénir cette guerre, qui me jettera de force hors de ce triste égoïsme.

« L'enthousiasme et la gaîté règnent dans toute l'École ; à toutes les nouvelles alarmantes, les bonnets de police et les képis volent en l'air.

« La mobilisation vient d'être décrétée, nous partons demain à 14 heures. Je dois rejoindre le dimanche 2 août, à Bourg, au 23e. Demain en communiant, je penserai bien à vous.

« Quatre de mes camarades ont été désignés afin de rester à l'École ; j'en ai vu un qui pleurait à chaudes larmes. Tout est à la joie, à la confiance, à la gaîté. Vive la France. »

Lyon, 5 Septembre 1914.

« Mon cher papa,

« Je puis être reconnaissant au Bon Dieu ; me voilà tout à fait sain et sauf à Lyon, comme un coq en pâte, avec à peu près rien : une grosse égratignure à chaque cuisse et une balle qui a gentiment traversé le cou de pied, sans rien casser. J'ai été blessé le 10 août, le lendemain de la grande bataille de Mulhouse. Notre régiment était en réserve derrière un village ; pendant 2 heures nous étions restés là. Les artilleries se bombardaient depuis un grand moment ; déjà nous entendions les explosions assez près de nous. Les chasseurs à pied étaient de l'autre côté du village, et on les avait vus gagner du terrain. Mais j'étais si éreinté, après avoir couru toute la veille et marché toute la nuit, que je ne savais pas au juste qu'elle était la situation, et j'avais été trompé par une phrase malheureuse de notre commandant : « On va passer à une offensive générale », alors qu'en pleine retraite il fallait songer à filer à temps. Elle m'a trompée, lorsque mon capitaine m'a envoyé en avant du village. Là je suis resté un moment avec ma section déployée, ne sachant rien du reste de la compagnie sans personne à notre gauche ni à notre droite. Mes hommes étaient inquiets : personne avec nous : « Il faut partir » disaient-ils entre eux.

« C'est là que je me suis monté la tête, et, possédé

par le désir de ne pas céder à mes hommes et par celui
de ne pas paraître avoir peur, je me suis laissé entraî-
ner en avant. Je me suis avancé 500 mètres en avant
et nous avons ouvert le feu sur les Allemands à 400 mètres environ ; mais au bout d'un moment me sentant
isolé, près d'être accroché, j'ai compris qu'il fallait m'en
aller. Je n'avais plus qu'une quinzaine d'hommes, dont
le tir était bien ajusté. C'est en reculant que j'ai reçu
deux balles à la cuisse, puis peu après une autre dans
le pied. J'ai béquillé un moment en m'appuyant sur
mon sabre et en sautant à cloche pied ; je suis tombé
et deux hommes m'ont porté dans une grange.

« La fusillade et la canonnade ont pris alors une intensité inouïe ; le clocher flambait, les maisons s'écrou-
laient, puis avec des hurlements sauvages, les Allemands sont arrivés. Après l'excitation du combat, j'étais
très abattu et me suis laissé désarmer sans rien dire,
sous la menace du fusil, il est vrai. A la nuit il n'est
reste que deux Prussiens, qui dormaient, et j'étais
fort en peine, parce que la grange était éclairée par
l'incendie, qui crépitait tout à côté. Sur les 11 heures
du soir, un major et des infirmiers nous ont chargés
sur une charrette pleine de paille et de blessés et au
clair de la lune on nous a conduits au couvent d'Al-
lemberg. Au bout de trois jours, une automobile nous
a emmenés à Mulhouse dans une clinique avec des
sœurs.

« La nuit on entendait des troupes allemandes passer en chantant comme des prières et des cantiques.
Mais ce qui était étonnant, c'était l'ordre, la précision
et la conviction qu'ils seraient vainqueurs et que nous
étions dans notre tort et avions déclaré la guerre. »

Lyon, 6 Septembre 1914.

« Je ne vous ai pas raconté, mon cher papa, notre
départ et notre marche dans la plaine d'Alsace,

« Nous sommes partis avec les réservistes conduits par le colonel et sept sous-lieutenants, dont cinq Saint-Cyriens. Nous rejoignons le régiment à Saulxures, une dizaine de kilomètres de la frontière. Là, séjour de trois jours tranquilles, comme en pleine paix. La seconde nuit, alerte, on prend les armes ; affolement inutile du colonel et du chef de bataillon, une heure après, on rentre. Mon capitaine était un homme charmant, brusque un peu, mais très simple, le cœur sur la main, esprit très large.

« La troisième nuit, alerte ; on ronchonne un peu, encore de l'affolement, les compagnies se rassemblent au clair de lune. Il est minuit, le mouvement en avant est ordonné. Le 23e a comme objectif Kruth, par le col d'Oderen, puis la vallée de Saint-Amarin. J'étais bien ému malgré tout, nous devions atteindre le col au lever du soleil. La marche au clair de lune était impressionnante ; tout était parfaitement tranquille. Au col le poteau frontière était déjà abattu ; il faisait grand jour. On commence à descendre dans une vallée encaissée, dans les bois de sapins, en territoire annexé, comme le prouvaient les nombreuses inscriptions allemandes. Je croyais rêver, toujours le même calme.

« Vers dix heures, nous atteignons Kruth et la grande vallée longitudinale de Saint-Amarin ; les habitants paraissent ne pas oser manifester leur joie, ils se cachent. Des fenêtres de la gare, des chasseurs à cheval nous jettent bonbons et cigares. Il est dix heures, on commence à sentir la fatigue. A cinq ou six kilomètres un village. Wesserling.

« Tout à coup des coups de feu à l'avant-garde , un flottemest dans la colonne ; on continue à marcher, la fusillade devient vive : des mitrailleuses, des feux de salve. On s'arrête, la compagnie se faufile .de maison en maison. Je suis bien ému, je sens que je dois être rouge comme un coq. Je prie Dieu de tout mon cœur pour que je n'aie pas peur ; finalement la compagnie s'arrête. Long arrêt, l'artillerie nous double. Quelques coups de canon, l'ennemi a filé. On fait la soupe dans une auberge ; on se bat pour une bière délicieuse, on baragouine un allemand des plus amusants, la pagaïe commence.

« La marche reprend, il fait bien chaud. Quand s'arrêtera-t-on ? Des blessés passent sur des brancards. Tout le long de la route l'accueil le plus enthousiaste, pour le plus grand mal de la régularité de la marche ; les habitants versent à boire aux soldats ; quelques bousculades. Nous marchons ainsi jusqu'à 8 heures..

« On arrive à Biscwiller-Thann, au débouché de la plaine d'Alsace ; une confiance un peu exagérée, presque point d'avant-garde, aucune flanc-garde, l'ennemi a filé, on croirait la campagne terminée.

« Nous logeons chez un gros industriel, vieil Alsacien, comme je ne croyais en exister que dans les romans. Les locaux avec de la paille à profusion sont mis à la disposition de la compagnie, nous sommes invités à dîner ; c'est un vieux monsieur, à l'impériale blanche, très simple, très distingué, si ému qu'il peut à peine nous parler, mais nous embrasse. La maison est luxueusement confortable, une table magnifiquement dressée, tous les services, champagne, des dames très élégantes. La joie qui rayonnait sur le visage de ce vieil Alsacien, demeuré fidèle malgré toutes les vexations qu'il nous raconte, fait plaisir à voir. Coucher tardif à minuit.

« Le lendemain samedi, le désordre commence. Ordre à la compagnie de se tenir prête à partir. A 6 h. ½ ordre de départ,. je suis à l'avant-garde, section de pointe,

Nous traversons Thann et on débouche dans la plaine d'Alsace. A la ligne des grand-gardes on s'arrête et on installe des éclaireurs....

« La Forêt-Noire nous paraissait très proche ; notre marche n'était marquée que par un sentiment de sécurité extraordinaire, que n'avait pas troublé le passage de deux taubes au-dessus de nos têtes. Nous allons dîner. A onze heures arrive l'ordre d'aller prendre les avant-postes le lendemain à 4 heures, sur la route de Lutterbach à Cernay. Notre compagnie était détachée en grand-garde, travaux de fortification.

« Le capitaine me détache en petit poste. Là, seconde émotion, on donne la chasse à des patrouilles de cavaliers allemands. A 4 heures, la canonnade commence a gauche vers Cernay, à droite vers Mulhouse ; elle continue, se rapprochant et redoublant d'intensité jusqu'à 10 heures. Quelques balles nous arrivent. Pendant ce temps la compagnie était partie ; l'homme chargé de nous prévenir ne nous avait pas trouvés ; ce n'est que par hasard, au cours d'une reconnaissance, que je le rencontre. Nous partons aussitôt, nous traversons Lutterbach désert et abandonné, et, après avoir marché toute la nuit, j'ai fini par retrouver mon régiment. »

22 Juin 1915.

« Nous continuons notre existence de hiboux, nous reposant le jour et travaillant la nuit sous l'œil bienveillant des étoiles. Après quoi chacun rentre dans sa cahute souterraine, pour y goûter les charmes du repos. Nos pauvres hommes, eux, sont dans des cavernes pas très confortables, obscures, ne sentant pas très bon et sans paille pour se coucher. Et pourtant parmi eux ni murmure, ni plainte, mais une philosophie assez résignée, même au souvenir de ce départ en guerre et de leur désillusion sur sa durée. »

4 Juillet 1915.

« Nous sommes toujours au même point, sans chan-gement appréciable, transformés les hommes en ter-rassiers et moi en architecte, ce qui ne m'amuse pas plus que cela. Je suis parfois fort empêtré dans ces tra-vaux et ne sachant pas du tout comment m'en sortir. Il me semble bien que je fais tout ce que je peux, mais avec ces nuits où on ne dort jamais bien complète-ment sur ces planches si dures, on n'a pas toujours l'esprit bien lucide. C'est alors que j'appelle la bonne petite sœur Thérèse de l'Enfant Jésus à mon secours. Elle me donnera toujours la lumière et la force néces-saire. »

8 Juillet 1915.

« J'ai reçu hier une première « Action Française » bien cachée dans une grande enveloppe. Le moment n'est pas aux discussions politiques, et ici surtout on sent bien comment on a besoin d'être unis. Je suis content de la retrouver, car on trouve chez elle de bonnes raisons d'avoir foi et de combattre de toutes ses forces et de toute son énergie. J'ai retrouvé ici une petite Vie de Jeanne d'Arc, par Mgr Debout. Vous ne sauriez croire comment elle prend plus d'intérêt dans les circonstances en somme semblables à celles où elle vivait en continuant son même travail. Ce que je cher-che surtout dans cette histoire, c'est la source où elle puisait un si grand amour de son pays. C'est en pre-mier lieu, je crois, dans un grand amour des petites gens et des pauvres. »

9 Juillet 1915.

« Mon brave Desplanche continue à me servir de tout son zèle. La nuit dans mes rondes, je l'entends derrière moi se cogner, trébucher, heurter contre les poutres à qui mieux-mieux. Au point de vue des idées religieuses, il ne doit pas en avoir beaucoup. L'autre jour, je lui ai donné l'image du Sacré-Cœur, il l'a prise en me disant que ça pouvait toujours porter bonheur. »

14 Juillet 1915.

« Me voilà installé dans mon nouveau poste « aux Cerisiers. » On n'y serait pas mal si depuis hier il ne faisait pas un temps de chien : vent, pluie, froid. Je couche sous un petit auvent, moitié niche, moitié cabane très pittoresque, mais où le vent rentre comme il veut. Ce matin j'étais tout raide. »

17 Juillet 1915.

« La nuit dernière, les Boches ont sans doute voulu reprendre le terrain perdu par eux le 8 juillet ; canonnade, fusillade, rien n'a manqué. Finalement, tout est rentré dans le calme et les Boches dans leurs trous. C'est le silence et le grand calme ce matin , seul le bruit de l'eau qui s'écoule de mon abri et des feuilles des arbres. C'est drôle de voir les choses continuer leur petite existence. Au plus fort de la canonnade, les grillons continuent à chanter comme les oiseaux.

« Je ne sais pas trop si je pourrai aller à la messe demain. Point de cloches, si ce n'est celles que les Boches mettent en branle le jour où on leur annonce un succès contre les Russes. »

19 Juillet 1915.

« Je fais bien tout ce que je peux pour que le travail se fasse bien, mais je n'y réussis pas toujours, et cela me tracasse et m'ennuie. Voilà bientôt deux mois que les hommes sont en première ligne, ils n'ont plus beaucoup d'ardeur au travail. Je ne sais pas trop comment les répartir, ni que leur faire faire, et je n'ai pas le talent de leur donner de l'ardeur, comme je le vois faire par quelques-uns de mes camarades. Je ne sais

pas non plus les « engueuler » pour secouer leur mol-
lesse et leur flemme. Cela tient aussi un peu aux nuits
sans sommeil. On ne dort jamais que d'un œil dans les
postes, bien qu'on ne risque pas grand'chose. De temps
en temps il y a quelques coups de feu. Dans la journée
on est un peu « vaseux. »

27 Juillet 1915.

« Rien de nouveau; la pluie, le brouillard la boue.
Existence de hiboux et de loups. Point de coups de
fusil, ni de coups de canon ; la paix est peut-être si-
gnée ; on a négligé de nous avertir.

« Nous sommes installés sur une croupe, qui en mai
était un coin charmant, vert et frais. Ce n'est plus maintenant qu'un horrible désert de terre rouge, creusée et
remuée, avec de petits cratères, comme on en voit dans
la lune. Le pire, c'est que les combats des jours précédents ont laissé quelques corps par ici et dame !....
Notre pauvre chair humaine, que nous entourons de
tant de soins n'est ni belle, ni odorante, lorsque l'âme
l'a quittée. Je commence à comprendre le Jam fœtet, de
Lazare, avant la résurrection. Je songe souvent au
mot de Jeanne d'Arc : « Je leur disais d'y entrer hardi-
ment et j'y entrais moi-même. » Voici le moment de
mettre à exécution le mot de notre brave petite Sainte.
J'ai une petite vie d'elle, que je relis de temps en
temps, elle est au fond de mon sac. Priez bien pour
moi le Sacré-Cœur, qui a promis à ceux qui l'invoquent,
de leur donner les grâces d'état nécessaires. Dites
chaque jour, je vous prie, à mon intention les Litanies
du Sacré-Cœur. »

26 Juillet 1915.

« Priez bien le Sacré-Cœur de Jésus en union avec
moi, je me rapporte tout à lui en ce qui concerne mes
devoirs d'état. Vous ne savez pas ce qui m'inquiète
maintenant ?

« Tant qu'on est là on est bien sage et ce n'est guère difficile. Mais qu'on aille au repos, on sent vite que notre pauvre humanité doit éprouver le besoin de s'ébrouer de plaisir, de se sentir tranquille. Je couche côte à côte avec Desplanche, dans un petit abri, on commence à s'endormir, et malgré le lit de copeaux pas très épais, on roupille comme un bienheureux ses huit heures d'horloge.

« J'ai recommencé mes bonnes habitudes de prière du matin et du soir à genoux auprès du bas-flanc. Depuis qu'il me voit faire, mon brave Desplanche s'agenouille aussi naturellement. Je n'ai pourtant jamais su lui parler de religion, et je ne sais pas du tout comment je pourrais le faire.

« Je pense bien souvent à la Bienheureuse Jeanne d'Arc. Je désirerais beaucoup connaître sa vie plus en détails. Cette pensée vous donne bien du courage. »

28 Juillet 1915.

« Je prends le commandement de la 3e compagnie. Heureusement que le secours du Sacré-Cœur et de nos bons Saints de France est là. Priez bien en union le Sacré-Cœur avec moi, surtout afin que je fasse bien ma petite affaire. Récitez chaque jour les Litanies à l'intention de ma compagnie, comme je le fais moi-même.

« Je commence tout de même à éprouver le besoin de me laver la figure, voilà huit jours que ça ne m'est pas arrivé, et on hésite à esquinter un pauvre diable à chiner un seau d'eau. Il y a une boue gluante, épaisse bien travaillée dans nos boyaux coupée seulement çà et là de petits lacs, dans lesquels on donne à plein, en se promenant dans l'obscurité. Mais ne vous effrayez pas, tout cela devient très vite tout naturel, comme si on n'avait jamais vécu autrement. »

7 Octobre 1915.

« Le temps passe toujours agréablement. Ce matin la compagnie s'est livrée à une furieuse partie de football dans les prés qui bordent la rivière. C'était très chic : il me semblait, en lançant les joueurs de ma section, que j'étais au jour bienheureux, où nous foncerons du même cœur contre les Boches. »

12 Octobre 1915.

« Ce matin on a commencé à travailler, à étancher nos boyaux, les boiser, les clayonner, pour que la terre tienne bien en cas de pluie. Je ne suis pas très fort pour tous ces petits travaux ; mais je me rappelle le mot de Jeanne d'Arc : « Œuvrez et Dieu œuvrera », ce que notre règlement traduit par : L'inaction seule est sans excuse, et je commence par un coin. »

14 Octobre 1915.

« J'ai de bons camarades ici ; ils sont agréables ; malheureusement leur conversation est parfois d'un réalisme un peu cru. On ne peut pourtant pas faire un esclandre et rompre pour cela : il faut bien faire quelques sacrifices à la camaraderie qui est une excellente forme de charité. Le mieux est encore la règle du silence et de l'indifférence, comme me l'avait enseigné l'abbé Bonnepart. Que vous dire encore ? Tant qu'on fait le bien, il ne faut pas s'en faire. Le mal seul peut nous rendre tristes. L'essentiel c'est de ne perdre ni calme, ni courage, ni confiance. »

17 Octobre 1915.

« Voilà un dimanche qui n'en a guère l'aspect. C'est le travail comme à l'ordinaire, et nous n'avons pas de messe. La campagne est tout à fait belle, elle prend des couleurs éclatantes. Les cerisiers nombreux sont d'un rouges éclatant, les hêtres et les fayards d'un roux plus

Jacques DELORME

LIEUTENANT

DÉCORÉ DE LA CROIX DE GUERRE

Mort pour la France en Décembre 1915

sombre, les bouleaux d'un roux plus clair. Lorsque le
soleil donne là-dessus, l'ensemble est de teinte ruti-
lante. L'heure la meilleure est la fin de l'après-midi,
vers les cinq heures ; l'atmosphère est alors d'une lim-
pidité extraordinaire. Les Boches sont assez chics, ils
ont le bon goût de ne pas gêner notre admiration par
quelques marmites mal placées. »

22 Octobre 1915.

« L'Action Française » est pleine de la mort de Léon
de Montesquiou. C'était un de ses membres directeurs,
écrivain de grand talent. Le récit de sa mort est très
émouvant. Chacune de ces morts me rappelle celle de
François, par la façon dont elles sont acceptées. Ce
sont de vrais sacrifices, et ce mot, cette idée, sont si
difficiles à entrer dans le cœur.

« La résignation de nos pauvres hommes m'étonne...
Lorsqu'il n'est pas entre les mains de ses exploiteurs
politiciens, le bon peuple de France est vraiment quelque chose de très chic.

23 Octobre 1915.

« Imaginez-vous que ce matin, le commandant m'a
proposé pour retourner à l'intérieur comme instituteur
dans une école de chefs de section. Vous jugez de mon
ennui. Heureusement les chances de partir sont mini-
mes, puisqu'il en faudra un pour la division, et on
trouvera bien un volontaire. Voyez-vous ça de là : devenir un embusqué de l'intérieur. »

24 Octobre 1915.

« J'ai reçu un petit mot de papa. Ils sont au calme
complet. Il me dit que devant cet imbroglio serbe et
autre, il ne faut que s'abandonner à la Providence. On
le dit bien, mais ce n'est pas seulement des lèvres qu'il
faut le prononcer. Ce sont nos pauvres cœurs endurcis
qu'il faudrait bien changer.

« Le canon s'est calmé, il est fort probable que ces bonnes réflexions s'arrêteront là. Ce ne sont pas nos prières parties sous l'action de la peur qui sont agréables au bon Dieu, mais bien celles faites dans le calme et la tranquillité. »

3 Novembre 1915.

« Je pense que je pourrai avoir ma permission à la fin du mois ; mais, vous le savez, à la guerre tout est aléatoire. C'est pourquoi, crainte de vous causer une désillusion, je ne vous en avais jamais parlé. La seule chose importante maintenant, c'est de bien faire son devoir. Le reste nous sera donné par surcroît. »

6 Novembre 1915.

« En creusant une tranchée nous avons trouvé d'abord les deux souliers d'un artilleur tué en septembre 1914. Comme ses deux semelles, qui apparaissaient dans la paroi étaient un peu macabres, on a procédé hier à l'exhumation. J'ai assisté et j'ai moi-même participé à l'opération, très content de me rendre compte que cela ne m'impressionnait pas du tout et que je n'éprouvais qu'un sentiment de respect devant les restes de ce soldat français. Il ne faut pas être trop délicat à la guerre. »

13 Novembre 1915.

« Toujours le grand vent ; depuis hier il souffle en rafales épouvantables, secouant avec violence les arbres tout dépouillés. Au sortir de nos tranchées j'ai éprouvé, à revoir la campagne, le même étonnement qu'au sortir d'un long séjour en ville.

« Je suis bien content de cette fréquentation d'un milieu en apparence si éloigné du nôtre. Cela oblige à réfléchir sérieusement aux doctrines et aux vérités politiques de l' « Action Française. » Je suis très bien dans ma chambre. Un lit ! où on dort tout d'un somme sans le brusque sursaut du coup de feu de la sentinelle que l'obscurité ou le vent dans les fils de fer, effraye ; une table, des livres, l'Etang de Berre, de Charles Maurras, l'Histoire de Deux peuples. »

30 Novembre 1915.

« Notre repos touche à sa fin, demain nous remontons en ligne. Ne vous inquiétez pas, nous serons dans les bois, loin des Boches. Je vous avoue voir arriver sans ennui la fin de cette inaction. Ça finit par devenir pénible, d'autant plus que sur quelques points je ne suis pas toujours de l'avis de nos camarades, et cela crée des heurts pénibles, au début tout au moins ; à la longue ils s'habitueront et me laisseront la paix. Mais sur les questions religion, politique ou simplement plaisirs, j'avoue qu'il y a peut-être bien de ma faute et qu'il faut savoir saisir les nuances, mais c'est si pénible d'entendre soutenir des énormités ou des lieux-communs si stupides avec une unanimité si touchante par mes camarades ! Le retour en ligne supprimera toutes les discussions, j'en suis bien content. »

20 Décembre 1915.

(Veille de l'attaque de l'Hartmannswillerkopf).

« Après une course charmante en auto, nous sommes dans un joli petit village au repos. Ne vous inquiétez de rien. Confiance et prière. Je suis très heureux. »

La course en auto devait être suivie de l'attaque glorieuse qui, par le sacrifice complet de lui-même, devait le conduire au ciel. Il peut redire en toute vérité à ses parents et à ses amis, nous aimons à le croire : « Ne vous inquiétez pas, courage et prière, je suis heureux. »

Emmanuel de BOUDEMANGE

Emmanuel de Boudemange est né le 3 septembre 1894, à Orléans, où son père était officier d'artillerie. Son enfance un peu délicate le fit tout particulièrement choyer par sa mère, d'autant plus que tout petit après une grave maladie, sa nature se révéla très caressante, très sensible, presque impressionnable à l'excès.

Tout jeune il était déjà si consciencieux qu'une tante disait en riant « quand Emmanuel fait une sottise, il faut lui faire des excuses. » C'était vraiment un chagrin affreux, un vrai désespoir quand à 4 ou 5 ans il n'avait pas été aussi sage qu'on pouvait le désirer. Et pourtant jamais on n'eut à le gronder sérieusement, tant il était naturellement docile.

Cette délicatesse de conscience, ce désir de bien faire, il les a toujours conservés dans sa famille, au collège, à l'armée. Ses aspirations l'ont toujours porté vers la perfection du devoir à mesure surtout que la piété se développait en lui. Ces qualités s'harmonisent bien du reste avec le complet oubli de soi-même et l'extrême modestie qui étaient les traits saillants de son caractère.

Après avoir commencé ses études avec sa mère qui

y prenait grand plaisir à cause de son intelligence. Emmanuel fréquenta à Orléans pendant quatre ans, le collège des Frères de St-Euverte et se montra ce qu'il est toujours resté : un excellent élève, studieux, très attaché à ses maîtres et ne comprenant pas qu'on puisse s'exposer à une mauvaise note de conduite. A six ans, parlant d'un petit camarade qui avait fait une gaminerie, il disait : « Pensez donc maman quelle honte pour un bon élève. » Cette honte il ne l'a pas subie pendant ses douze ans de collège.

Aussi, un vénérable Frère, qui avait pour lui une grande affection, et, quelques années plus tard, le Directeur expérimenté de l'Ecole St-Guillaume, prédirent à sa mère que l'enfant réussirait admirablement dans ses études, spécialement en mathématiques, ce qui semblait bien prématuré à dire, vu son jeune âge.

Un changement de garnison ayant conduit ses parents dans une petite ville de l'Est, où il n'existait pas de maison d'éducation religieuse, Emmanuel travailla chez lui avec un professeur choisi pour ses bonnes idées, car, malgré l'importance très grande qu'on donnait dans la famille aux études des garçons prises au sérieux dès leur plus jeune âge, on mettait l'éducation et les principes religieux, au-dessus de la science humaine.

Quand Emmanuel eut 11 ans, sa mère voulût assurer à sa 1re Communion une préparation très soignée ; elle le conduisit à Paris pour y suivre les catéchismes de St-Thomas d'Aquin.

La science de cet enfant était telle qu'on put sans un instant d'inquiétude le laisser passer plusieurs mois chez une grand'mère retenue au logis par la maladie, qui ne pouvait donc en rien, surveiller son travail et ses sorties.

Jamais Emmanuel, en allant en classe chez les Frères

ou au catéchisme, n'aurait pas fait un pas en dehors de sa route ; on pouvait seulement craindre qu'il ne se rendît malade en prenant trop à cœur de se maintenir en bonne place dans une classe très forte. Emmanuel accomplit ce grand acte de la vie religieuse qu'est la 1re Communion avec tout le recueillement qu'on pouvait attendre de cet enfant si réfléchi et si naturellement pieux. Il est bien consolant de penser que l'empreinte de cette journée du 17 mai 1906 est restée dans son âme, de même que le crucifix qui en était le souvenir est resté toujours sur sa poitrine. Cette petite croix, don de ses frère et sœurs sur laquelle était gravée la date de ce beau jour a été enlevée de son cou et rendue aux siens par le Docteur qui l'a enseveli.

Son christ, ses médailles, son chapelet, des lettres des siens, des extraits de l'Imitation choisis et enluminés avec amour dans un abri du front et les souvenirs mortuaires de sa grand'mère, de ses amis tombés avant lui (François Mery, Pierre et Charles Jaillard) voilà quels étaient les trésors de cet officier de vingt ans ; les talismans qui rendaient son âme si vaillante, son front si serein au milieu de la fournaise et faisaient dire de lui « c'est une belle physionomie de guerrier » (lettre du Dr de Nabias).

La vocation militaire était pour Emmanuel une traditon de famille ; elle se fortifia des années passées dans ces marches de l'Est, où l'on entendait souvent le signal d'alerte, présage de guerre. Là l'esprit de la mère et des enfants, était hanté par la pensée du départ possible du régiment en trois heures pour la mission impressionnante des troupes de couverture qui doivent tenir à n'importe quel prix le plus possible.

Extrêmement idéaliste, l'enfant était séduit, non par une ambition quelconque, mais par le côté chevaleresque d'une vie ou l'on a souvent le frôlement du danger, et ou le désintéressement, l'abnégation, sont les plus sûres des récompenses.

En 1907, le commandant de Boudemange est nommé à Clermont-Ferrand, sur sa demande ; ce choix provenait du désir de garder ses fils encore quelques années, mais, en arrivant il craignit tout d'abord d'avoir échoué, car, l'heure était angoissante pour les maisons religieuses, en particulier pour Massillon. Enfin, il apprend (par les capitaines Jaillard et Mulsant) que l'Ecole fermée à Clermont était rouverte à Richelieu et aussitôt Emmanuel y débute pour terminer sa quatrième, tout heureux de se retrouver dans un collège et tout prêt à faire siennes les traditions de travail et de discipline de la maison.

Bien vite il apprit à aimer ses maîtres et ses camarades. On peut dire que les trois années passées à Massillon, réinstallé rue Bansac, furent la plus heureuse période de sa vie d'écolier.

Il aimait tout de son cher collège :

Les professeurs indulgents et fermes, toujours prêts à guider de leurs conseils l'élève qu'ils sentaient désireux de bien faire, les exercices de piété, les retraites, les cérémonies si recueillies de la chapelle. Ses sœurs se rappellent sa fierté lorsqu'il lui arrivait de remplir les fonctions d'enfant de chœur. Les récréations où il déployait au jeu autant d'ardeur qu'au travail et ou son extrême gaieté était bien parfois mêlée d'un peu de malice.

Combien souvent plus tard il parlait avec reconnaissance de ses anciens maîtres en particulier de M. l'abbé Chassagnol dont l'inépuisable complaisance l'aidait à surmonter les difficultés de ses chères mathématiques. S'il n'était guère doué pour l'allemand, il n'en affectionnait pas moins M. l'abbé François ; ces messieurs, par leur bonté, l'avaient aidé à vaincre l'extrême timidité qui était parfois pour lui une souffrance.

Il jouissait délicieusement de se sentir en confiance avec des hommes au caractère élevé.

C'est ce même sentiment de confiance admirative, ce même besoin d'être guidé, qui l'attiraient vers un père Jésuite, (l'abbé Jacquemont), qui le recevait souvent le dimanche et avait lui aussi « deviné cette âme tendre « et délicate qui, déjà, sous des dehors si simples, était « passionnée pour le devoir et capable de tous les sacri- « fices. »

Un bon souvenir de Clermont était aussi l'initiation à la charité faite au collège ; ne tenant pour lui-même à rien de ce qui s'achète, il ne vit jamais que deux emplois à l'argent dont il pouvait disposer : faire la charité ou faire plaisir à son entourage. Pour cela, son ingéniosité était grande.

Comme il savait aussi mettre dans les réunions d'amis l'entrain le plus communicatif ! Un de ses condisciples écrit plus tard ce qu'est pour lui le « souvenir de cet ami qui était plus qu'un ami ordinaire, et dit combien « tous étaient conquis par le côté aimable et « gai de son caractère, gaieté mêlée à l'énergie dont « il a toujours fait preuve pendant ses études » et pendant sa campagne

Un trait se rapportant à l'époque où Emmanuel passa l'examen du baccalauréat mérite d'être cité. Nous étions en un temps où les maisons religieuses passaient pour n'être pas en faveur près des puissants du jour. Les élèves médiocres, et ils étaient assez nombreux, tenaient, en pareille circonstance, à revêtir un costume neuf et à paraître de la tête aux pieds aussi soignés que s'ils se fussent rendus à une fête, plus soucieux, sans doute, d'avoir un bel habit qu'une grande science. Tandis que plusieurs lycéens se présentaient en uniforme, certains ne pensaient-ils pas gagner par ce moyen la bienveillance ? Les élèves des maisons libres évitaient, dans l'extérieur, tout ce qui pouvait indiquer de quelle école ils venaient. Procédés certainement enfantins, surtout quand on connaît l'esprit de justice et l'impartialité incontestable des examinateurs. Emmanuel, encore jeune et bien petit, avec une physionomie d'enfant, paraît au milieu de ses camarades, le matin de l'examen, avec le costume de Massillon. Il y eut quelque mouvement de surprise autour de lui. Il a agi sans prétention et s'est habillé tout simplement comme le dimanche précédent. Ses camarades l'admirent ; plusieurs veulent l'imiter. Il subit l'examen, trouve partout la plus grande bienveillance. Il était si charmant et montrait une si vive intelligence ! Il est félicité par ses examinateurs pour ses réponses claires et précises et quitte la Faculté plus conten des succès de ses camarades que du sien propre.

Peu après, il lui fallut avec un réel chagrin quitter Clermont pour Belfort. Là, autre regret : le lycée, seul, avait une classe de mathématiques ; mais Emmanuel y trouve un noyau d'amis prenant déja comme lui très au sérieux leurs devoirs de chrétiens et les remplissant sans fausse honte, témoin le trait suivant : A Besançon, pendant les épreuves du Bachot, un bon camarade, passant l'oral, était en mauvaise posture ; Emmanuel et un de ses amis se regardent, se comprennent et sortent pour aller dans une chapelle voisine dire leur chapelet pour celui qui était sur la sellette.

Dans les Vosges, comme en Auvergne, le grand bonheur d'Emmanuel était de faire avec des parents et des amis de longues promenades dans les bois et la montagne. Ainsi se développe un goût très vif pour la nature ; ce goût, il l'avait contracté pendant les années d'enfance passées sur ces Hauts-de-Meuse, où la campagne âpre et solitaire, mais pourtant si verte et fleurie, est comme idéalisée de tristesse par le voisinage de la terre lorraine aperçue à l'horizon par delà la frontière. Ayant le sens artistique très vif, il jouit beaucoup des nombreux voyages faits un peu partout : à la mer, dans le Centre et le Midi, avec l'attrait puissant pour lui d'un pèlerinage à Lourdes et plus tard en Suisse. Partout, il savait observer et retenir ; guidé seulement par « un sentiment inné de la ligne et des couleurs, et un goût très fin », il fait même des aquarelles très réussies. Les dernières, exécutées dans les forêts de Verdun ou la plaine champenoise pendant les rares répits de la bataille, dénotent de surprenantes dispositions. Quelle douce détente que ces pochades ou ces croquis après les dures besognes du front ! On trouve quelquefois dans son calepin : « le paysage est épatant », « ballade à cheval superbe », « joli coin », « spectacle grandiose ».

En 1911, après avoir réussi l'examen de mathématiques et fait un voyage en Suisse, Emmanuel entre à Paris, au collège Massillon, pour y faire les spéciales préparatoires. Son ardeur au travail est grande, trop grande même, car bientôt le surmenage, une crise de croissance et le chagrin d'être séparé des siens altèrent sa santé. La règle s'adoucissait pourtant en faveur de cet élève dont on avait vite apprécié l'esprit si foncièrement discipliné. On lui imposait de petits suppléments de régime de repos ou de liberté qu'il ne trouvait jamais utile de prendre.

Au printemps 1912, il écrit : Je continue à ne pas pouvoir travailler, cela finit par être ennuyeux. Enfin, ce qui me console, c'est que je n'y puis rien. J'ai encore de la chance que ce soit cette année. J'ai trouvé à l'infirmerie la vie du général de Sonis que j'ai déjà lue, mais qui est bien intéressante quand même et j'aspire au jour où le repos que je prends maintenant, portera ses fruits. »

Un prêtre qui lui marque de l'attachement, prévient sa mère qu'elle devrait reprendre encore un peu près d'elle cet adolescent qui a encore tant besoin de caresses et auquel l'extrême délicatesse de sentiment fait ressentir comme une souffrance ce premier contact avec les réalités de la vie.

Le médecin exige formellement un repos de plusieurs mois. Pourtant l'année n'est pas perdue, puisque la réussite à la philosophie la termine et que, dès la rentrée (ses parents s'étant pour lui, fixés à Paris), Emmanuel se classe à St-Louis comme un bon élève de spéciales.

La santé lui permet de travailler avec acharnement, quel bonheur pour lui ! Pourtant son extrême modestie ne lui fait pas envisager le succès comme un dû ; il sait à qui le demander ; son esprit de foi toujours croissant fait qu'il tient pendant l'étude au voisinage du crucifix ; ses travaux personnels ainsi que plus tard ses notes et ses chères aquarelles sont marquées des initiales A. M. D. G., montrant bien que son âme s'élève habituellement vers Celui qui est le grand maître de l'esprit humain.

A Paris comme en Bretagne, nombreuses sont les personnes qui remarquent à l'Eglise avec édification son extrême ferveur dans la prière.

Admissible en 1913 à l'Ecole Polytechnique, Emmanuel en est joyeusement surpris. Après des vacances en Bretagne, il reprend le travail avec une ardeur nouvelle et en 1914 il a la joie d'atteindre le but qu'il avait tant ambitionné ; il est classé en si bon rang parmi les candidats de Paris, qu'il peut partir en vacances, assuré d'un brillant succès.

Cependant, aux heures anxieuses des examens qu'il prenait si à cœur, il disait : « Pour que je sois reçu, il faudrait un miracle », mais il ajoutait « heureusement que je crois aux miracles. »

Cette période de repos fut bien courte ; dès le matin du 31 août, le colonel partant pour la frontière d'Alsace, embrassait son fils pour la dernière fois.

Le tocsin qui annonçait la déclaration de guerre sonnait pour cette famille comme pour tant d'autres, le glas de leur bonheur terrestre. Heureux ceux qui comprirent ce que cette voix de l'Église avait de symbolique, elle annonçait le sacrifice, l'acte religieux par excellence. Quelle puissance de rachat pour les âmes et la patrie que cette immense somme de sacrifices si généreusement consentis dès cet instant d'un bout à l'autre de la France.

Impossible de décrire l'enthousiasme d'Emmanuel à l'idée d'aller se battre ; le sang lorrain qui coulait dans ses veines bouillait d'impatience. Quelques années auparavant un saint prêtre d'une perspicacité légendaire, voyant le vif éclat de ses yeux noirs, lui avait prédit qu'il serait soldat et qu'il vengerait son grand-père, le capitaine de cuirassiers, héros de Reichshoffen, traîtreusement assassiné par les Allemands, alors que sans défense, couvert de blessures, il se redressait contre un arbre, au soir de la bataille, afin de faire jusqu'au bout face à l'ennemi.

Le moment était venu de remplir ce noble devoir. Emmanuel part à Paris pour s'engager au 36ᵉ d'artillerie, l'ancien régiment de son père ; il ne s'inquiète pas trop de son titre d'ajourné, car « les majors n'auraient pas le cœur de le refuser. » En effet, celui de

Moulins le soigne de son mieux, afin qu'il supporte l'entraînement intensif. Le jeune artilleur est souvent à bout, mais il se raidit et sa force de volonté triomphe.

Sa mère avait traversé la France pour le rejoindre et l'aider à tenir bon contre la fatigue, comme elle l'avait aidé à choisir un régiment où l'on pût espérer être bien commandé et partir vite.

Partir vite, aller au front, voilà l'incessant objet de son ambition à Moulins, à Clermont et ensuite à Chartres, où il est nommé sous-lieutenant au 26ᵉ d'artillerie, le 3 janvier 1915

Quelques bons moments marquent le séjour à Moulins : la conquête des galons de brigadier, les promenades à cheval et l'organisation de services en campagne dans les environs, la messe de minuit à la cathédrale et les fêtes de Noël passées en famille. Puis à Clermont, il retrouve de bons souvenirs, des amis et retourne à Massillon.

A Chartres, pendant quatre mois, le jeune sous-lieutenant a la bonne fortune d'avoir comme chefs immédiats, d'excellents officiers qui accueillent ce petit « camarade de l'X » avec une bienveillance qui devient vite une chaude amitié, et qui mettent une touchante sollicitude à l'initier au rude métier des armes, tout en ménageant sa santé.

Emmanuel disait aux siens le plaisir qu'il avait à vivre en contact constant avec un homme de valeur comme l'était son capitaine.

Voici ce que cet officier pensait de son petit ami. « En « ce temps (l'armistice) le souvenir de mon petit lieute- « nant est encore plus près de mon cœur qu'à l'ordi- « naire... Je souhaite, madame, que le chagrin de sa « mort ait puisé son réconfort dans la gloire même de « cette mort. Pour moi qui avais plus qu'apprécié, qui

« avais senti la délicatesse de son esprit et de son
« cœur, j'ai pris l'habitude de penser comme il pensait
« dans ses notes « mieux a valu pour lui mourir tout
« de suite. » Il avait su faire la paix avec lui et la mort
« ne l'a pas surpris. Mais, s'il avait vécu, — et je me
« demande si son courage téméraire n'aurait pas eu
« raison de la chance — quel charmant ami il eût fait !
« Il avait le culte de l'amitié ; il en avait tellement les
« qualités.

« Pour nous, polytechniciens, l'amitié est une chose
« qui compte bien peu, tant les qualités d'intelligence
« passent avant les qualités du cœur, et tant aussi la
« camaraderie réputée des anciens élèves nous leurre
« et nous tient lieu d'amitié. Je fais de constants efforts
« pour éviter l'écueil et j'ai des amis qui ne sortent pas
« de l'Ecole. Mon petit lieutenant était né pour en être,
« bien qu'il fût des nôtres.

« D'ailleurs, il savait choisir. Si enthousiaste, si ac-
« tif qu'il fût, si endiablé quelquefois, il savait, a
« l'heure voulue, être réservé, et, pour cela je l'aimais
« beaucoup, comme je l'aimais d'être enthousiaste. Il
« était artiste aussi, épris de la ligne et de l'ordonnance
« des choses. Dans une lettre que vous avez, il rappelait
« nos visites à la cathédrale. Que ne rappelait-il aussi
« nos longues promenades dans la campagne terne et
« morne, autour de Chartres, pour l'œil qui ne sait pas
« voir et à laquelle, au trot de nos chevaux nous trou-
« vions tant de charme à cause de l'impression perma-
« nente du sentiment de l'étendue. Si ce doit être pour
« vous, Madame, une consolation de savoir que votre
« fils a été aimé pour toutes ses qualités de cœur et
« d'esprit, veuillez la recevoir de moi comme un hom-
« mage à son souvenir.

Du même : « Je vais me mettre à aimer sa photogra-

« phie où je le retrouve tel que je l'ai connu et qui m'est
« parvenue au moment même du triomphe de la cause
« pour laquelle il a donné son sang. »

Cette amitié donna lieu entre eux à un échange de
correspondances ; le capitaine donnait des conseils à
« son cher petit bonhomme et ami » et celui-ci lui con-
fiait en échange des impressions de guerre souvent plus
tristes que celles adressées à sa famille qu'il craignait
tant de peiner ou d'inquiéter.

En mai 1915 arrive enfin le jour tant désiré du départ pour le front.

« Je vous écris dans le branle-bas de combat, je pars
« demain matin pour le groupe de 120 longs. Cela me
« plait assez, parce que cela fait du bon travail, mais
« cela risque fort de rendre ma carrière moins mouve-
« mentée. »

Ce qu'ont été ces quinze mois de campagne, quelques
notes jetées hâtivement sur un calepin et les lettres à
sa famille le montrent.

Son caractère est toujours très oublieux de lui-même,
il s'intéresse à la vie des siens plus qu'il ne parle de
lui. « Je vous remercie bien », écrivait-il le 15 février
1915 « de m'avoir donné des nouvelles de Guy (son frère
« blessé qui allait être opéré). Elles me sont infiniment
« précieuses. Il n'est pas de pire souffrance sur le front
« que d'être inquiet de chez soi. »

Le 17 février 1915. « Je m'inquiète toujours et lis vos
« lettres avec avidité ; tenez-moi bien au courant du-
« rant cette longue semaine. »

Jamais sa modestie ne laissa échapper un mot qui
montre combien toujours il se signalait dans son service. C'est par ses chefs et ses camarades que ses parents savent quel excellent officier il devient. Dévoré
de zèle, désireux d'apprendre et de rendre le maximum

EMMANUEL DE BOUDEMANGE

LIEUTENANT

DÉCORÉ DE LA CROIX DE GUERRE.

Mort pour la France le 17 Août 1916

de services, il fait, dit-il, « un peu tous les métiers » ;
il n'ajoute pas que ce sont toujours les plus dangereux
qui l'attirent. Ses « croquis panoramiques d'observa-
toires sont très remarqués et cités par le général commandant l'artillerie du 6e corps comme devant servir
d'exemple.

La formation de ses hommes est l'objet de son souci
constant ; il réfléchit souvent à ses devoirs de chef si
effrayants au début pour la modestie de ses 20 ans, et
il résume ses réflexions en de courtes notes dont voici
un exemple :

« Deux faits sont également rares, qu'un homme
« manque suffisamment d'intelligence ou de bonne vo-
« lonté pour ne pas exécuter un ordre qu'il a compris.

« Qu'un homme comprenne du premier coup ce qu'on
« attend de lui et l'exécute. Une des plus grandes ver-
« tus militaires est la patience dans le commandement
« des hommes. »

Tous ses camarades parlent de sa bonne humeur et
souvent dans ses lettres à ses sœurs il cherche à les
égayer. On retrouve aussi la préoccupation de l'emploi
utile du temps, de la lecture instructive.

Sa piété reste aussi fervente ; il note d'un mot les
dimanches, les fêtes où il peut entendre la Messe, s'ap-
procher des sacrements ; la fête du Sacré-Cœur, la
Toussaint, etc...

Son manuel du chrétien demeure son fidèle compa-
gnon et ce petit livre s'ouvre tout seul aux pages particulièrement lues et relues :

Apocalypse, dernier chapitre.

Imitation, Livre I, ch. 4, ch. 22 et 23 de la méditation
de la mort ; Livre III, ch. 3, prière pour implorer la
grâce de la dévotion ; ch. 23 et 59 ; Livre IV, ch. 1.

De mai à septembre 1915, Emmanuel demeure près de

Verdun ; là, où il devait revenir mourir. Il prend part à des combats du côté des Eparges, de la tranchée de Calonne. Puis il arrive en Champagne pour l'offensive du 25 septembre. Son âme vibre d'enthousiasme à l'approche de ce grand jour.

C'est en Champagne, toujours au même groupe du 26e devenu 106e d'artillerie lourde, qu'il passe l'hiver et le printemps, c'est là qu'il reçoit la croix de guerre le 4 avril, après s'être signalé comme officier téléphoniste, dans la région de Souain, de la ferme Navarrin.

Là aussi il est pris le 19 mai, dans une vague de gaz après quoi il est évacué une huitaine de jours et envoyé en permission de 7 jours.

En novembre 1915 une première permission l'avait ramené chez lui, fortifié, grandi, plein d'entrain.

Lors de sa deuxième permission (du 1er au 9 juin 1916) l'impression est bien différente ; il est triste et fatigué encore de la grave atteinte qui a brûlé ses poumons ; s'il ne veut pas se plaindre ni montrer combien il est fiévreux, souffrant, c'est de crainte qu'on ne tente de le soigner, de le retenir. Mais ses premiers mots à l'arrivée le peignent bien toujours le même : « Vous « savez maman », dit-il, que je viens pour vous faire « plaisir ; aussi je n'aurai pas voix au chapître pen- « dant ma permission ; c'est vous qui déciderez ce que « je dois faire. »

On se trouve le 1er juin au matin de l'Ascension ; aussi sa première visite est pour l'Eglise St-Sulpice ; le lendemain il fête le 1er vendredi, puis ce sont les pèlerinages de N.-Dame-des-Victoires et de Montmartre. Il repousse l'idée du théâtre et n'admet comme distractions que de voir quelques amis, surtout un jeune cousin, son intime, qui ne devait lui survivre que de quelques jours.

Il quitte sa mère et ses sœurs le 9 juin, pressé de retourner prendre part à la « fête de Verdun ». « Pauvre petit », écrit son ami « qui parlait de son tombeau. »

(Mi juin à mi août). Ces deux derniers mois sont marqués par le contact constant du danger et par la souffrance physique et morale ; ni l'une ni l'autre de ces épreuves ne lui avaient été épargnées pendant la campagne ; on peut espérer qu'il avait ainsi récolté dans sa courte carrière une riche moisson de mérites pour le ciel. Son groupe étant rattaché provisoirement au corps d'armée Mangin, le 17 août, jour de la reprise de Fleury, par les Français, il est atteint mortellement à son poste de combat, à Verdun, au faubourg pavé ; il remplaçait à ce moment pour quelques jours un camarade à la 22ᵉ batterie, tout particulièrement exposée.

Il repose dans le cimetière militaire de Dugny (tombe 1694) qui comprend maintenant plus de 3.000 tombes.

Voici quelques extraits de lettres relatives à sa mort :

Du Commandant du groupe,

« Notre jeune camarade que nous regrettons tous si
« vivement, se trouvait à l'une des positions de batterie
« du groupe, en compagnie du lieutenant commandant
« la batterie (tué quelques jours après) et du médecin,
« lorsque des obus tombés dans le voisinage les obli-
« gèrent à se rendre dans l'abri de bombardement voi-
« sin. Au moment où ils se trouvaient tous trois dans
« le boyau d'accès à cet abri, un projectile tomba à
« quelques mètres, et votre fils fut atteint à la nuque
« par un éclat pénétrant, qui causa la mort instanta-
« née.

« J'ai fait aussitôt les démarches nécessaires pour
« éviter l'inhumation dans les cimetières trop rappro-
« chés de la Place et exposés au bombardement. Elle

« a eu lieu au cimetière de Dugny, le 18 août et a été
« précédée d'un service religieux.

« Je tiens à vous dire, mon colonel, combien cette
« perte, survenant après toutes celles que nous avions
« déjà subies dans le secteur, nous a tous vivement frap-
« pés, car votre fils, par sa gentillesse, sa vivacité d'es-
« prit et sa grande bravoure, avait su s'attirer non seu-
« lement l'estime, mais aussi la très grande affection de
« tous ses compagnons d'armes... »

Du capitaine D. du 106ᵉ : « D'un courage admirable,
« ses hommes l'adoraient. »

De l'aumônier du IVᵉ Corps d'A. : « En interrogeant
« le médecin auxiliaire, j'appris que votre fils n'avait
« nullement le pressentiment de sa mort.

« Il était plein d'entrain et portait le courage et la
« confiance partout où il passait. Il était donc très ap-
« précié de ses chefs et de ses camarades et sa perte fut
« sentie très vivement dans son groupe. La beauté de
« sa vie chrétienne l'aura rendu agréable à Dieu et nous
« pouvons espérer que la miséricorde divine aura déjà
« récompensé celui qui est mort en soldat et en chré-
« tien. »

Du Dʳ de N. qui avait quitté le groupe : « Si c'est un
« grand regret pour moi de ne l'avoir pas vu tomber
« et de ne rien pouvoir vous dire sur sa mort, je puis
« cependant vous dire beaucoup de choses sur ce que
« fut sa vie que j'ai partagée depuis son arrivée au
« groupe, vers le mois de mai 1915, si j'ai bonne mé-
« moire, jusqu'à mon départ en juin 1916. Toujours gai,
« plein d'entrain, il se donnait littéralement à sa tâche,
« avec tout le cœur d'un ardent patriote. Officier télé-
« phoniste, il avait à cœur, les jours des plus violentes
« attaques, de parcourir **lui-même** le réseau sous les
« plus violents bombardements, **jusqu'aux toutes pre-**

« **mières lignes.** Quand l'observatoire était marmité, il
« s'y rendait pour donner confiance à ses téléphonistes.
« C'est ainsi qu'un soir, dans le secteur de Champagne,
« il fut pris dans une vague de gaz asphyxiants et que
« j'eus l'occasion de le soigner. D'un dévouement et
« d'une bravoure sans borne, votre fils, madame, fut
« un héros. Il en avait toute la simplicité, toute l'in-
« souciance du danger et plaçait très haut l'idée de
« « devoir. » Je m'incline très bas devant votre im-
« mense douleur et vous prie d'accepter les plus res-
« pectueux hommages d'un ancien ami de votre fils. »

Du Dr Blais, du 106e : « Votre fils était détaché à la
« 22e batterie depuis quelques jours. Il y remplaçait un
« de ses camarades absents. Au moment du déjeuner,
« une première marmite éclata à 25 ou 30 mètres de
« leur salle à manger. Les quatre hôtes décidèrent de se
« mettre un peu plus à l'abri dans la sape creusée à
« 4 mètres de l'abri du commandement de tir où ils
« étaient attablés. Une légère tranchée réunissait les
« deux postes. En file indienne ils changèrent de place.
« Votre fils occupait la 3e place et mon médecin auxi-
« liaire la 4e. C'est à ce moment précis qu'un 2me obus
« éclata à 4 mètres environ du passage. Le lieutenant
« de Boudemange tomba dans les bras du médecin. Pen-
« dant que ce dernier s'occupait de votre fils, le lieu-
« tenant commandant la batterie téléphonait au poste
« de commandement situé à 300 mètres environ, dix
« minutes après j'étais arrivé. Hélas ! il n'y avait rien à
« faire, votre fils avait été tué sur le coup d'un éclat
« d'obus qui avait traversé la tête d'arrière en avant.

« Je pense que toutes les indications de la sépulture
« vous ont été transmises. Il repose au cimetière de
« Dugny. L'inhumation a été faite par l'aumônier du
« groupe de brancardiers de corps du 6e C. A.

« Mon âge m'avait permis d'être un peu le confident
« de ses pensées religieuses. 2 ou 3 jours avant l'acci-
« dent fatal, votre fils m'avait demandé si je connais-
« sais un aumônier dans la région que nous occupions.
« Je l'avais adressé au groupe de brancardiers du fau-
« bourg Pavé. A son retour, il me remercia en me di-
« sant que le nécessaire était fait.

« C'est moi-même, assisté du médecin auxiliaire du
« groupe et du fourrier de la batterie, qui ai procédé à
« la mise en bière et à l'établissement de ses papiers et
« au recueil de tout ce qu'il avait sur lui. J'ai été quel-
« que peu embarrassé lorsqu'il s'est agi des médailles et
« objets de piété qu'il portait au cou ou dans ses vête-
« ments. Je n'ai pas cru devoir les lui laisser. J'ai pensé
« mieux faire en les laissant dans les objets qui vous
« parviendront pour que vous puissiez en disposer.

« Permettez-moi, monsieur, de prendre part au cha-
« grin que vous cause la mort d'un tel fils. En votre
« absence, je me considérais un peu comme votre rem-
« plaçant. J'avais pu, de temps à autre, lui donner
« quelques conseils et votre fils m'en était toujours re-
« connaissant. »

EXTRAITS DE SA CORRESPONDANCE

La correspondance avec sa famille nous fait assister
à sa campagne entière et nous donne ses impressions :

Moulins, 23 août 1914.

« Nous sommes en tout une douzaine de jeunes gens
dans des cas analogues ; on nous fait en conséquence
suivre un peloton, mais nous allons avec une sage len-

teur dans notre instruction ; aussi, cela m'a tout l'air
que nous arriverons, comme les carabiniers, quand
tout sera fini. »

Chartres.

« Je m'ennuie en peu en attendant un départ qui ne
paraît pas encore immédiat, loin de là ! Je ne comprends
pas pourquoi on nous a nommés, si c'est pour faire de
nous des conserves.

« Réellement, le printemps tarde bien à venir, je commence à croire que c'est lui que nous attendons pour
partir. »

8 mai. — « Je continue à m'occuper uniquement de
chevaux et à espérer vaguement qu'un jour ou l'autre
nous finirons par partir. »

14 juin 1915... — « La vie ici est d'une uniformité
monotone qui à la longue doit lasser.... Je suis à l'Etat-
major de l'Art. lourde, je ne sais pas pour combien de
temps, j'aimerais mieux ne pas y rester indéfiniment,
les batteries doivent être plus intéressantes. »

18 juin... — « Vous avez tort de vous imaginer que
le front est quelque chose d'essentiellement distinct du
dépôt. Au fond c'est la même chose avec des écoles à
feu en plus. Pour les fantassins ce ne serait vraisem-
blablement pas très dangereux (en temps normal) s'ils
étaient prudents. Mais comme la plupart ont vu des
endroits beaucoup plus dangereux, ils ne prennent
plus aucune espèce de précautions. Les pertes de l'artillerie lourde sont en moyenne d'un homme tué ou blessé tous les 8 jours. Les boches sont presque moins dangereux que les chevaux américains du dépôt. «

20 juin... — « Ici il y a une installation très campagne
avec poules, vache, chien, etc... »

10 juillet. — « Ce qui manque ici le plus, c'est des

occupations. Si je connaissais des livres, je m'en ferais envoyer... Je me suis remis à dessiner, je vous envoie un topo pris à l'endroit où nous mangeons dans le bois à côté de chez nous. »

19 juillet. — « Nous sommes ici installés dans un bois et nous observons les boches du haut d'échelles de 20 ou 40 mètres, juste au niveau des nids de pies. »

28 juillet. — « Je vous écris, cette fois, une lettre ouverte, car d'après les nouveaux ordres, il y a un officie. censeur au secteur postal, qui s'offre (grand bien lui fasse) à lire toutes les lettres (je n'en suis pas très sûr). A partir de maintenant, recommandation d'être infini...ment discret.

« Il est défendu de parler des opérations, bien entendu, mais également défendu de dire qu'on ne fait rien. Il est défendu (je pense, j'exagère peut-être, même un peu) de dire s'il fait beau ou laid, car le mauvais temps a une influence sur la marche des armées.

« Je vous remercie bien des livres tous très intéressants ; cela vous fait reprendre contact avec une vie dont on commençait à avoir perdu l'habitude. »

7 août. — « J'affronte les heures d'ennui avec un calme forcé mais vous avez tort de me voir entouré de balles, je n'en ai jamais entendu siffler et n'en entendrai peut-être d'ici longtemps. ...Je vous demanderai de m'envoyer un chapelet la prochaine fois que vous enverrez quelque chose. »

10 septembre. — « Nous vivons dans notre résidence actuelle une vie champêtre fort agréable en attendant la victoire future. »

20 septembre. — « Ma chère E. J'espère que je suis un chic poilu. Je sors du papier à lettre pour vous écrire plus longuement. Vous ne vous rendez peut-être pas compte du travail que cela représente. Songez-y un peu ; pour sortir du papier à lettre, il faut pénétrer au milieu d'un amas de courroies, d'étuis revolvers, de jumelles, de porte-cartes, de sacoches, de sabres, etc..., atteindre sa cantine, en défaire les multiples fermetures et la bousculer de fond en comble. Et tout cela s'exécute au milieu des protestations véhémentes d'un ordonnance. Protestations qui se comprennent, car le malheureux est condamné à maintenir un ordre des moins stable dans le pêle-mêle de mes affaires ; c'est-à-dire dans un amas de culottes, vestes, tricots, chaussettes, linge de toute sorte, sans compter les livres, les engins divers, les multiples boîtes ; alcool solidifiée, foie gras, chocolat... sans compter la pharmacie variée, quiquina, kola, glycérophosphaté, etc. Vous voyez tout ce que j'ai fait pour vous écrire et voyez le résultat. Maintenant que j'ai mon papier à lettre, je n'ai plus le droit de rien mettre dessus. Dire le lieu ou je me trouve m'est interdit formellement. Le décrire de même, dire où je couche de même, comment je suis installé de même. ...Racontez-moi vite des quantités de choses, parlez-moi de vous, de votre vie, que je puisse au moins vous répondre et vous interroger, car il m'est interdit de vous parler de moi. »

22 septembre. — « Je vais, ces temps-ci, vous envoyer de préférence des cartes qui prennent moins de temps et ont plus de chances d'arriver... »

25 septembre (carte-lettre griffonnée le jour de l'offensive). — « Je vais bien. Tout va bien. Dieu protège la France. Priez bien Jeanne d'Arc, qui jadis a bouté les Anglais dehors, bien entendu ce n'est pas des Anglais qu'il s'agit Vive Dieu ! Au revoir, je vous embrasse. »

27 septembre. — « Ne vous inquiétez pas pour moi, l'artillerie lourde n'est pas quelque chose le moins du monde dangereux... »

30 septembre. — « Nous sommes toujours en place, toujours impatients. Les nouvelles sont contradictoires. On annonce 3 brigades de prises derrière la tranchée de Lubeck ; c'est en partie vrai avec un coefficient d'exagération considérable.

« ...Le soir m'apprend qu'on démarre le lendemain pour reprendre notre ancienne position. »

1er octobre. — « Nous déménageons de bonne heure. Départ lent. Ordres confus... Le soir les nouvelles sont meilleures : on se déciderait à faire une préparation d'artillerie. »

5 octobre. — « Début de préparation. Nous réglons le soir ; ce n'est pas trop tôt. Nous tirons 150 coups en 2 h. ½ ; nous sommes dès 4 h. ½ environnés d'un nuage intense de fumée..., il y a des gerbes d'étincelles splendides. Le vacarme croit de minute en minute, il devient effroyable, le ciel est illuminé de départs et d'éclatements. Les hommes se meuvent dans une fumée dense : c'est une vision des champs de bataille d'autrefois.

« Après dîner il nous arrive des restes de gaz lacrymogènes ; nous mettons les cagoules ; c'est une sensation très désagréable au début, mais un soulagement rapide et presque complet. »

6 octobre. — « Toute la nuit, tir. Réveil à 5 h. Tir très violent. Des renseignements vagues circulent : 300 prisonniers, puis 900. La tranchée de Lubeck serait prise... A 3 h. ½, la batterie voisine ouvre le feu ; je rentre, nous tirons sur une batterie. Agréable surprise ! une saucisse nous observe. A 17 h. ½, la fusillade crépite, puis quelques secondes après les fusées montent et les 75 entrent en action ; ce doit être une contre-attaque boche. Est-ce bon, est-ce mauvais signe ? »

7 octobre. — « L'après-midi je vais au Bois Sabot. Le

spectacle est grandiose au milieu des vagues formées par les trous d'obus, les tranchées bouleversées, criblées de torpilles, dont beaucoup non éclatées. Il y a de formidables travaux souterrains entièrement boisés. A l'entrée deux cadavres déterrés par les obus montrent des crânes hideux sous d'anciens képis rouges. »

9 octobre. — « Le temps n'est guère beau ; c'est déjà lui qui nous a gênés l'autre fois. Mais on fait contre mauvaise fortune bon cœur et tout est bien, pourvu que les Boches reculent... Je ne comprends rien à votre silence à tous. Voilà une dizaine de jours que je ne reçois rien. »

10 octobre. — « En rentrant, tuyau : « nous partons pour la Serbie. » Des gens se frappent, ce n'est pas mon avis et la chose me plairait. »

12 octobre. — « Je reçois aujourd'hui la carte d'E., m'annonçant la blessure de Guy. Envoyez-moi des nouvelles, dès que vous en aurez de précises. Fasse le Ciel qu'elles soient bonnes ! »

14 octobre. — « Je suis fatigué, je n'en peux plus, je dors mal, j'ai la fièvre. »

15 octobre. — « Départ à 1 h. du matin. Route froide, mais moins d'eau que la dernière fois. Nous arrivons à Coupetz, à 8 h. ; cela va mieux en arrivant. Je reçois un coup de pied de cheval. »

21 octobre. — « J'apprends avec une véritable stupeur la mort de ce pauvre René. Je ne croyais pas sa blessure aussi grave. Il est bien triste de voir tant de camarades se coucher pour toujours avant même qu'on puisse prédire la fin du cataclysme qui bouleverse la France. Espérons que ces sacrifices auront un fruit dans la victoire finale. Ne vous faites pas de mauvais sang sur mon compte, je suis plus loin de tout péril que je ne l'ai jamais été. »

22 octobre. — « J'entends causer des paysans. Réellement on a l'impression que chacun ramène tout à soi. L'on ne plaint bien que ce qu'on a souffert soi-même. »

1ᵉʳ novembre. — « Nous avons pas mal tiré ces temps-ci. En réalité la fatigue ni le danger n'ont été bien grands. Nous nous préparons à hiverner et j'ai envie de faire venir des cours de l'X, pour occuper utilement les loisirs nombreux que cela va me donner sans doute.

« Nous nous reposons encore ici pour quelques jours ; j'en suis content, car, comme nous n'avons pas d'aumônier, étant groupe détaché, nous avons en général assez de difficultés à trouver des prêtres, tandis qu'ici c'est très facile. Cette fête de la Toussaint n'a jamais été aussi triste que cette année, où tous mes meilleurs camarades sont morts. »

2 novembre. — « Le curé d'Ecurie mange avec nous. C'est un homme actif et intelligent. Causons de choses et autres... La femme... Valeur primordiale du sentiment par rapport à l'intelligence. Ce qui manque, c'est surtout la volonté. »

7 novembre. — « Messe à St-Quentin, dont c'est la fête. Il y en a une jolie statue dans l'Eglise. »

12 décembre. — « Je suis repassé à l'Etat-major du groupe ; j'ai là un travail plus intéressant. »

25 décembre. — « La vie est toujours aussi régulière et calme ; nous nous préparons à passer royalement les fêtes de Noël. Nous aurons une réunion pour tous nos hommes. »

26 décembre. — « Nous avons passé très gaiement la nuit de Noël. Tout le groupe était réuni, hommes et officiers, sauf une pièce de garde par batterie. Tout le monde était dans un grand abris aménagé spécialement. Il y a eu un concert organisé avec des acteurs du groupe et qui disposaient d'un piano... Après, il y a eu intermède avec champagne... Ensuite messe de minuit, etc... »

7 janvier. — « C'est malheureux qu'il fasse si mauvais, car il y a des paysages sensationnels de grandeur et de tristesse, dont j'aurais aimé à garder des aquarelles. »

15 janvier. — «Je vais toujours bien et ai un service assez amusant pour le moment. J'ai vu l'autre jour le C^t H. et l'ai promené dans les tranchées pour chercher un observatoire. »

18 janvier. — « Le plus clair de la Jeunesse de France s'en va. Espérons que nous aurons bientôt la victoire en dédommagement de ce lourd et sanglant sacrifice. Il n'y aura hélas plus que des familles en deuil pour s'en réjouir. »

30 janvier (à propos de la mort d'un oncle tué à l'Hartmanwiller). — « Réellement mourir pour mourir, mieux vaut tomber pour quelque chose avec au moins l'espérance que ceux qui survivront ficheront les boches dehors. »

15 février. — « Le temps est maintenant affreux, tempête de vent et de pluie sans discontinuer. Le fond des tranchées est rempli par 50 centimètres de boue liquide. Les malheureux fantassins qui passent leurs journées entières là-dedans, sont bien à plaindre. Pour nous qui possédons des cagnas bien closes et bien chauffées, l'inconvénient est moindre. »

8 mars. — « Le mauvais temps persiste et s'accroche au terrain comme ces canailles de boches. Pour le moment, j'ai un travail amusant. Quelques reconnaissances intéressantes, peut-être utiles ; quoique au fond il ne faille pas se faire beaucoup d'illusions sur le travail qu'on fait. Comme santé je vais toujours très bien. »

11 mars. — « Vous avez tort de vous inquiéter de crainte que je n'aille à V., notre corps est resté en position tout l'hiver, dans un secteur trop agité pour que notre infanterie puisse être lancée dans la fournaise... Je n'ai attrapé cette angine qui vous a malencontreusement inquiétée qu'en rentrant au milieu de la nuit d'une course aux environs, alors qu'il soufflait un vent froid sur une plaine glacée...

« J'ai des occupations trop irrégulières pour pouvoir travailler, car le travail exige pour qu'on s'y intéresse de la constance et de la méthode...

« Maeterlinck a une conception trop facile de la vie, une conception trop plate, trop heureuse — cela ne cadre guère avec la brutalité de cette guerre qui dépasse tout ce que l'imagination eut osé rêver. Les philosophes ont mauvaise grâce à parler d'une évolution vers une humanité meilleure..., etc..., ce qu'il y a de plus clair, c'est que l'humanité a tourné contre elle-même tous les progrès de la science et de la civilisation. »

15 mars. — « La seule chose fâcheuse, c'est la suppression des permissions — cette suppression doit d'ailleurs probablement durer longtemps, justement ça començait à aller vite — et puis boum ces idiots de boches attaquent à Verdun. Ils ont donné là une preuve évidente de mauvaise éducation. Enfin, comme je n'y peux rien, je prends mon mal en patience. La guerre n'est d'ailleurs pas aussi désagréable qu'on se l'imagine. On a d'abord beaucoup de temps à soi et ce temps semble considérablement augmenté par suite de ce fait qu'on ne peut rien faire pour l'employer. On est très largement payé et logé à peu de frais. On a le droit de se promener librement sur un grande étendue de terrain où il n'y a aux endroits secs que 50 centimètres de boue. On a le téléphone chez soi et une antenne de sans fil à sa disposition, qui reçoit les nouvelles du monde entier. Le gouvernement vous fournit un cheval de selle qu'on monte tous les 3 mois et une vingtaine de voitures où il n'y a pas de place. Vous voyez qu'au fond on n'a pas lieu de se plaindre — sans compter qu'on a gratuitement une musique plus puissante que du Wagner et des charniers plus réussis que celui du Dante. Ne nous plaignons donc pas trop. »

22 mars. — « Vous verrez dans le « Matin » une photo de notre cagna avec quelques têtes de boches. Les prisonniers que vous pourrez y voir je les ai vus sortir de leur tranchée et c'est nous qui les avons mis à mal. Je suis même revenu de la 1re ligne en leur compagnie, vous voyez que ce sont de vieilles connaissances. »

27 mars. — « J'ai reçu la « cathédrale », c'est un livre merveilleux, d'autant plus merveilleux pour moi qu'il me reporte à des souvenirs vus et à mon séjour, somme toute, très heureux à Chartres. »

11 avril. — « Je lis avec intérêt les mémoires du Cte de Ségur. Cette évocation sur le champ de bataille de l'ancienne manière de faire la guerre, frappe l'esprit et le laisse rêveur. Le temps commence à devenir plus beau, et le soleil éclaire et égaye nos gourbis. On ne voit cependant pas encore de fleurs dans ce pays âpre et rude d'où toute végétation semble à jamais bannie. Quelques arbres se couvrent de bourgeons et les premières feuilles apparaissent. Avec elles reviennent la gaieté et la bonne humeur, malgré la monotonie d'un secteur que nous n'avons que trop longtemps appris à connaître. Heureux les guerriers d'autrefois qui ne se battaient pas deux jours de suite à la même place. Il est juste de dire qu'ils n'avaient pas de permissions. A vrai dire les nôtres sont supprimées depuis longtemps et nul ne sait quand elles seront rétablies. Cela m'ennuie d'autant plus que j'aurais à vous montrer une modification heureuse à mon uniforme. A la suite d'une affaire déjà vieille, celle dont j'avais parlé à Guy autrefois, j'ai été il y a quelque temps (4 avril), cité à l'ordre de la 56ᵉ Div. d'inf. sur le secteur de laquelle nous travaillons. »

19 mai. — « Après-midi, reconnaissance. Le soir, 8 h. 30, attaque par les gaz du chapeau H de F à Navarin. Après une courte hésitation je me décide à partir. En sortant du poste de commandement, je suis couché par terre par une marmite, j'appuie à droite avec l'intention de retourner au boyau d'Alger, je trouve des corvées affolées... 100 mètres plus loin, odeur forte, je mets mon masque, il ne va pas, je laisse les lunettes, je ne retrouve pas l'antibuée, je ne vois rien et quitte tout. Je me perds, puis me retrouve... suis arrêté par un tir effroyable ; je vais de Q à D, à découvert, tir très violent, point destiné aux relèves... en D je reprends le boyau. j'y croise la relève des chasseurs, je vais au relais du 40, aucun tuyau, je file, je me perds et me retrouve au point de départ, je retrouve enfin le boyau et le suis sans difficulté jusqu'au nᵒ 27 (observatoire). En passant, je ramasse un éclat avec du phosphore qui luit dans la tranchée. Les obus pleuvent. M... me montre un éclat qui a frappé son casque.

« Le fond de la sape a une odeur très pénible, je sors voir dans la tranchée et au P. C. des Serbes. La 1ʳᵉ ligne vient de passer, rien de neuf, on s'informe des pertes.

« Je ressors il est 10 h., une nouvelle vague vient d'être lancée. Je suis fortement indisposé et trébuche à chaque pas. Je vais de nouveau au nᵒ 27 et fais installer la couverture. Les yeux me brûlent horriblement, je m'étends 10 minutes, après ça va mieux ; je sors des cartes et nous jouons, j'aime mieux ne pas leur laisser l'occasion de réfléchir à une situation qui n'a rien de drôle.

« A minuit tout cesse. Je vais réparer, grandes difficultés — mise à la terre bizarre. J'apprends que V. a été tué (Il était officier téléphoniste et chargé de la T. S. F. pour les réglages par avions). »

20 mai — « Je rentre au n° 27, répare l'appareil, ressors, il fait déjà jour, aucun essai ne colle. Je rentre au P. C., me couche mais ne dors guère. A 7 h. réglage par avion. Je vais au R 23. Echange de tuyaux. Je sors, je me couche et roupille. La poitrine me brûle toute la journée ; nuit pénible.

« Je vous écris bien vite pour vous rassurer, car le communiqué d'aujourd'hui vous a sans doute inquiétés. Je me suis tiré sain et sauf d'une assez forte bagarre et n'ai pas été incommodé le moins du monde... Cela a l'air calme, je pense, pour longtemps. »

21 mai. — « Le matin je suis plus fatigué, respiration pénible, courbaturé. L'après-midi, de N... (le docteur) vient : un peu de congestion pulmonaire : teinture d'iode. Le lendemain je suis évacué, je quitte la position ; malgré les ordres, je ne pars pas couché. Une fois en automobile je file. Je vais à Suippe, 1ʳᵉ ambulance, on m'expédie à 18/6 à Cuperly. En passant, j'essaye de voir le docteur... pas moyen. Je suis furieux de quitter Suippe. A la 18/6, je me couche. J'ai comme camarade de chambre, Sˢ Lᵗ J..., vieux paysan du Dauphiné très brave homme (2 + de guerre). Vers la fin du séjour, 2 docteurs. Je demande à rentrer au corps, B. s'y oppose pour pouvoir partir plus tôt.

« Permission. Je suis assez mal portant. Rentrée. Je rejoins à Ablaucourt, fais ces étapes très malade.

« A... Longue attente sur la route, croisement d'automobiles. Pluie battante.

« H... Je suis toujours malade. Villotte-Senoncourt. Route affreuse. S. Verdun. Le 8 juin, nous remplaçons un groupe du 106ᵉ. A V. rien de saillant. Observatoire St-Michel, chemin très dangereux, je manque plusieurs fois d'être tué. Evain est tué.

« Le moral du poste de Cᵗ et des batteries est honteux. La 22ᵉ change de position. On devrait partir environ le 1ᵉʳ août. On reste. Conduite honteuse de lâcheté de la majorité du groupe.

22 mai. — « Je vous écris à nouveau parce que vous pourriez vous inquiéter. Je suis en bonne santé, sauf un vague rhume de poitrine. Mais je ne tousse pas et avec le beau temps ce sera vite passé. Tenez-moi au courant de Guy. »

24 mai (il était à une ambulance où 35/100 des intoxiqués mouraient en deux jours). — « J'ai attrapé une petite bronchite et comme il y a assez d'activité sur le front pour le moment, le docteur m'a fait envoyer dans une ambulance, à quelques dizaines de kilomètres. Je pense d'ailleurs n'y pas rester longtemps.

« J'ai un peu d'angine et un peu de bronchite, mais pas de fièvre. Comme je pensais aller à S. où sont nos échelons, je n'avais rien emporté, comptant tout faire venir ensuite. Ne changez pas mon adresse, elle ne m'ennuie pas trop, car il y a des camarades gentils. Ce qui change seulement, c'est d'avoir des fenêtres et de ne pas entendre le canon. »

26 mai. — N'allez surtout pas vous imaginer que je suis très malade, car il n'en est rien. Je n'ai pas boulotté de la chimie boche en trop grande quantité et si je n'avais pas été un peu enrhumé, je n'aurais sans doute rien eu. D'ailleurs, si ce n'était que notre major n'avait jamais vu de cas d'intoxication, jamais je n'aurais été évacué. Bref, ce qui est fait est fait et rien ne saurait rien y changer. »

21 juin. — « V... Je suis arrivé en bonne santé, quoique avec un peu d'embarras gastrique, le secteur a l'air calme. Personnellement nous sommes très bien installés... Nous avons pas mal de travail, plus de travail qu'avant... Il est possible que je n'aie pas beaucoup de temps pour écrire, mais encore une fois, ne vous imaginez pas que la position est mauvaise, car il n'en est rien. »

26 juin. — « Cela barde toujours et ferme, dans le secteur. Les boches ont véritablement le diable au corps. Il serait à souhaiter que nous ayons autant de ténacité et de méthode qu'eux. Il y a beau temps que la guerre serait finie.

« En attendant, j'en prends très bien mon parti ; tant que nous n'aurons pas davantage à souffrir, nous serions criminels de nous plaindre. »

30 juin. — « Depuis quelques jours on a mis derrière nous quelques batteries de 75 qui nous tirent dans les oreilles, de 8 h. du matin à 8 h. du matin, le lendemain. Il y a de quoi devenir fous.. J'ai trouvé dans la maison dont nous sommes locataires, quelques livres qui occupent nos surplus de loisirs. Le cadre est parfait pour les méditations de Lamartine, dont les soupirs harmonieux s'accordent d'une magistrale façon aux tonnerres affolés du canon... »

1ᵉʳ juillet. — « Voyons d'abord la question livres : 1° Oui, le classique me plait, me plait même beaucoup. Je serais content de lire et Montaigne et Pascal, car je ne ſes connais guère. Je lirais aussi avec plaisir des classiques étrangers — Shakespeare, etc. Je relirais bien La Bruyère... Peut-être aussi de Montesquieu « grandeur et décadence des romains ». Je lirais avec plaisir également des anciens, je verrais Aristote surtout avec plaisir l'ignorant totalement. » Ces livres lui furen envoyés et c'est par l'avis de retour des colis, que son père apprit sa mort.

10 juillet. — « Ne vous étonnez pas si les lettres mettent un peu plus de temps, car vraisémblablement cela va barder. »

15 juillet. — « Nous avons fêté bruyamment le 14 juillet. Nous avons eu un feu d'artifice de 1er ordre, et l'on a tiré beaucoup plus de coups de canon que ce que l'on tire d'ordinaire, pour le Président de la République. A part cela, je me porte bien ; le temps ne se rabiboche pas très vite. Quand donc aurons-nous un été qui soit un été avec du beau temps, 15 jours de suite?... Je ne sais pas si nous sommes encore ici pour longtemps, peut-être bien que oui.

« ...La vie à part son côté militaire est assez morne et terne. »

. juillet. — « Je vous envoie un mot aujourd'hui encore car cela barde et je crains bien que les communiqués ne vous inquiètent à tort. Les boches s'acharnent avec autant de violence qu'aux premiers. jours. Ils font preuve d'une persévérance dans l'effort vraiment remarquable. Fasse le ciel qu'elle ne les mène qu'à un insuccès plus prompt.

« C'est une grave erreur que ce qui se passe dans la S... dégagera V... tout au plus cela les empêchera-t-il de renforcer leurs troupes par changement d'unités et les forcera à utiliser des troupes jeunes venant de l'intérieur Quand à abandonner tout, ce serait une faute grave qu'ils ne paraissent pas s'être décidés à commettre. Personnellement, je suis simple spectateur de la bataille et n'y suis mêlé que très indirectement. Ils font assez fréquemment usage d'obus suffocants, mais avec de la prudence on n'est aucunement incommodé. Il suffit de mettre son masque à temps.

« On mange des merles. L'essentiel c'est de tuer des boches. Ils s'accrochent au terrain avec une ténacité insensée, on dirait qu'ils ont pris racine. Ils doivent pourtant commencer à réfléchir et peut-être que d'ici 5 ou 6 ans... »

31 juillet. — « Du matin au soir règne sans conteste un soleil de plomb qui vous dessèche et vous laisse sans force et sans énergie. Puis soudain la nuit tombe, vous enveloppe de son froid manteau de brouillard et vous laisse au matin, transi, grippé, enroué, malade. Il est remarquable que cette guerre, dans sa violence et ses perpétuelles émotions, arrive cependant à nous donner la vie la plus monotone que l'on puisse rêver. Sans doute la répétition même de ces émotions en atténue-t-elle l'intérêt. Toujours est-il que l'on s'ennuie par désœuvrement, dans cette atmosphère en fusion qui interdit tout mouvement pendant une bonne partie de la journée. La lecture seule reste possible... Ne vous étonnez pas si d'ici quelque temps vous ne recevez pas régulièrement de lettre. Ne vous en inquiétez pas, bien au contraire. »

2 août. — « Pour des raisons stratégiques que je ne puis vous dire, il se peut que vous ne receviez pas grand chose comme lettres les jours qui vont suivre. Ne croyez pas pour cela qu'il me soit arrivé la moindre chose, au contraire... Si vous pouvez m'envoyer des livres de toute espèce, j'en serai content. »

4 août — « L'ennui nous ronge comme il sied. Plus le moindre livre à lire, pas un morceau d'impression à se mettre sous la dent. Hélas, le courrier ne vient même plus régulièrement ! Il est d'ailleurs à craindre que la réciproque ne soit vraie. Sans doute, vous allez vous inquiéter sans nouvelles. Il n'y a pourtant actuellement pour ainsi dire rien à craindre. — Vous avez peut-être vu dans l' « Echo de Paris », la mort du Lt E. Il commandait une des batteries du groupe depuis quelque temps. Il a été blessé à la tête, il y a déjà longtemps, par un éclat d'obus qui avait traversé son casque. — J'en ai été très peiné, car c'était un officier très brave et très bien à tous les points de vue. A part cela, il n'y a encore eu aucun officier de blessé dans le groupe.

« Vous avez sans doute vu par les communiqués que l'on reprend du poil de la bête à V... J'en suis enchanté et connaissant le terrain, j'estime nos succès des derniers jours à l'égal d'une vraie victoire. En dehors de cela, la vie toujours uniforme, toujours monotone, coule aussi vide d'occupation que de plaisir, chaque jour repassant dans les traces du précédent.., »

12 août. — « Je continue à avoir du temps à moi... Les livres que vous m'annoncez me feront en conséquence plaisir. D'autant plus que ce sont des livres instructifs ou prétendus tels, ce qui est assez rare.

« Je pense que vous avez beau temps à P..., car ici il continue à faire chaud comme tout. Je fais en ce moment un stage à une batterie, en remplacement d'un officier permissionnaire. Cela me crée quelques heures de liberté en plus. J'ai trouvé dans ma nouvelle maison, les poésies d'Ovide et des tragédies de Schiller. Je passe de l'une à l'autre toutes les fois que je ne pige pas. Je suis obligé d'avoir les 2 livres à côté l'un de l'autre, car c'est fréquent. »

14 août. — « Je vous écris plus souvent que d'ordinaire, car je ne reçois « pour ainsi dire pas de lettres », et je pense que vous ne devez pas recevoir les miennes bien régulièrement. Ce n'est pas de chance que je ne me sois pas déplacé à temps pour voir papa (momentanément venu d'Alsace à Châlons). Voilà deux ans passés que je ne l'ai vu, c'est déjà un bail. J'espère encore vaguement, car peut-être si nous nous en allons, pourrais-je en passant, le voir... J'espère que Guy va mieux, il serait temps de reprendre le dessus s'il veut être bien remis avant l'hiver.

« Notre promo (les polytechniciens de 1914) est toute entière passée à titre définitif. Cela commençait à se faire attendre (sous-lieutenant). »

19 juillet. — « Je suis allé faire un tour dans V... qui est bien démoli. »

20 juillet. — « J'ai reçu hier le colis de livres que maman m'a envoyé, remerciez l'en bien de ma part, j'ai déjà commencé à lire... Sous le soleil de plomb, après la pluie grise, on se sent près de la nostalgie d'un climat tempéré ou d'un bord de mer frais. »

24 juillet. — « Cela se calme d'ailleurs un peu dans cette région. Peut-être au surplus n'y sommes-nous pas pour longtemps. Je ne serais pas fâché d'aller un peu faire la guerre dans un climat plus agréable... où que nous allions, je serais content de faire un peu d'offensive C'est beaucoup plus amusant et bien moins dangereux que la défensive. Enfin, faute de grives... »

On lira avec intérêt quelques extraits de la correspondance du jeune sous-lieutenant avec le capitaine D.

« Mon cher Bonhomme,

« ...Tu m'as manqué aux minutes d'organisation ; tu me manques toujours aux minutes des souvenirs et de

la réalisation... Le général auquel j'ai en pratique toujours à faire, est charmant : intelligence, esprit et bon
sens. Beaucoup de tes qualités, n'est-ce pas ?

De Champagne, 15 février 1916.

« Mon cher Capitaine,

« C'est avec le plus grand plaisir que j'ai reçu votre
longue lettre du 3.

Encore une fois je vous remercie de vos bontés. Je
vous réponds de suite. Cette guerre m'a donné tant de
désillusions que je cherche partout conseils et protection. J'espère beaucoup en vous, car l' « ami qui se fie
à son ami est comme une ville forte. »

« Vous me demandez si je me bats, il y a trois jours
je vous aurais dit non. Maintenant je n'ose le faire.

« J'ai assisté en témoin rapproché à une de ces attaques de détail, boucherie honteuse où l'on échange
contre un faux point d'honneur des centaines, des milliers de vies humaines.

« J'ai vu défiler dans des boyaux que l'artillerie ennemie prenait d'enfilade, le long cortège des mutilés,
troncs sans bras ni jambes, têtes sans figures ; et j'ai
crié de colère dans mon téléphone, de sentir au bout
du fil l'indifférence somnolente d'un état-major pressé
de se coucher !

« Je savais bien que l'humanité avait perdu la religion, qu'elle perdait le patriotisme, mais j'espérais
encore altruisme ou pitié, alors qu'il n'y a plus qu'égoïsme et lâcheté.

« Enfin, je me suis calmé en songeant qu'après tout
je vivais, que la vie est encore bonne, qu'il ne faut pas
juger les autres, si l'on ne veut être jugé soi-même. Et
je me suis rappelé cette parole de l'Evangile : « Que
vous importe ceci ou cela, suivez-moi. »

« Je vous demande pardon de vous importuner de mes colères, mais j'ai trouvé dans mon groupe, peu de camarades et pas d'amis. Tous cherchent leur propre intérêt, je n'ai personne en qui je puisse me confier pleinement.

« Parmi les officiers qui m'entourent, il y a de très beaux cerveaux, mais pas un seul cœur ! Un être si intelligent soit-il, qui ne vit que pour lui, ne saurait pas m'intéresser plus qu'un animal, qu'une plante, ou qu'une pierre. Mon meilleur camarade est encore C... s'il n'a guère de sensibilité, du moins a-t-il de la poésie, c'est déjà quelque chose.

« Heureusement qu'il me reste le domaine si riche du souvenir et que je réussis parfois à chasser l'idée de ce paysage à l'odeur fade de sang, pour revivre les douces heures de Chartres et sa cathédrale aux vitraux bleus, encore pleine d'une atmosphère de piété et de foi. Si je ne vous ai pas écrit, je ne vous ai cependant jamais oublié, et suis retourné bien souvent faire visite à la petite chambre de M. B.

« Maintenant, je vais pouvoir vous trouver dans une autre chambre que je ne connais pas, mais que je vous remercie de m'avoir décrite.

« Puisse ma pensée vous tenir compagnie dans l'épreuve de vos maladies que je prie le ciel de faire cesser.

« Votre ancien petit protégé. »

Vernet-les-Bains, 19 mars 1916 (réponse aux lettres du 15 février et du 8 mars).

« Mon cher petit conscrit,

« Où es-tu en ce moment ? J'ai bien vu au commencement de ta dernière lettre une étoile, mais il y a tant d'étoiles et tant de lieux où l'on se bat. As-tu été de la

fête de Verdun ? Avec quelle crânerie on a dû s'y faire
tuer pour barrer aux autres la route. Si j'avais été au
front en ce moment, c'est là que j'aurais voulu être.
C'est mon pays et je m'y suis battu en septembre 1914.
Alors, si tu y es, écris-moi, donne-moi des détails ; ce
sera pour moi une consolation. J'ai quitté Montpellier
il y a huit jours, pour Vernet-les-Bains, où je suis hospitalisé. Je voudrais me guérir d'une bronchite que je
traîne depuis octobre et dont les effets déprimants s'a-
joutent à ceux invétérés de mon antérite. Vernet est,
contre l'Espagne, au pied du Canigou, à 600 mètres
d'altitude. Depuis mon arrivée, il fait beau. Du soleil
tous les jours, et, par suite des promenades dans les
montagnes encore mouchetées de neige. Vernet c'est
une création boche. Il y a quelques années, il n'y avait
de ce nom qu'un délicieux petit village dégringolant au
flanc d'une colline dominée par l'église ; une aquarelle
délicieuse — des rouges, des jaunes d'ocre, des noirs
ayant forme géométrique. Maintenant le petit village
est toujours contre sa colline, mais a ses pieds dans le
vallon, des hôtels modernes, en ciment armé, se sont
construits ; une réclame tapageuse y amena les années
dernières beaucoup d'Anglais, et puis, depuis la guerre
des blessés et des malades militaires les ont remplis.
Aujourd'hui nous sommes 400, dont cinq officiers,
gais, à peine sortis du front, avec encore la rude fran-
chise des poilus. Moi, je fais tâche, pauvre évacué de
Montpellier.

« J'ai gardé sous les yeux ta lettre du 15 février, si
noire, où tu te bats si vigoureusement contre les nôtres
en sortant de battre les Boches. Surtout ne jette pas le
manche après la cognée. Ce serait stupide parce que tu
n'es pas assez sûr de la victoire. Tu es au milieu de
gens qui vivent ; ils te choquent ; alors laisse-les, mais
ne crie pas. Ne leur reproche rien. Ils sont, et rien n'a

prise contre le fait. N'oublie jamais que tu as des qualités et que ton devoir est de les entretenir, et cela pour toi-même d'abord. Tous ceux qui t'aideront à les sentir, à les cultiver, aime-les ; mais ne jette pas la pierre à ceux qui ne comprennent pas ce que tu aimes. Ne pleure pas, ne rage pas. Campe-toi en face d'eux sans morgue, mais sans faiblesse. Regarde-les. Pour toi, ne perds rien de ce que tu es; pour eux, cherche s'ils peuvent t'être moralement ou intellectuellement utiles ; sinon, ne les retiens qu'autant que tu peux leur être utile à quelque chose. Écoute-moi bien : reste primesautier : c'est la plus merveilleuse qualité de l'homme. Les animaux sont seulement charmants quand ils sont jeunes, ils deviennent vite grands et sage. Les hommes, eux, peuvent garder la fraîcheur de leurs sentiments : je crois que tu as cette précieuse qualité, garde-la jalousement et ne la troque pas contre un pessimisme rageur et stérile.

« Je pense très sincèrement à toi quand j'écris tout cela et je n'ai pas fait une page, sois en sûr. Quand je te reverrai, je veux que tu sois encore chartrain, tout près des bons moments de cette heureuse époque, une force, une source, un flot et non quelque lac d'abord écumant sur ses rives puis assagi par l'inanité de ses efforts. Tu es intelligent, tu as du bon sens et de la volonté. Que veux-tu de plus ?

« Que les autres en aient aussi ? laisse, tu n'a charge que de toi-même,

« Au revoir, mon bonhomme, à bientôt de tes nouvelles, Affectueuse poignée de main. »

8 mars 1916.

« Mon cher capitaine,

« Je vais sans doute vous importuner, mais comme je m'ennuie mortellement, j'éprouve un véritabe besoin de causer à un ami. Je n'en ai aucun ici... Comme dérivatif, il paraît que la guerre est déclarée, les boches sont très agressifs et nous sommes assez rancuniers, il s'en suit des attaques partielles qui donnent un petit surcroît d'émotion pour améliorer l'ordinaire.

« J'ai assisté d'assez près à quelques-unes de ces affaires, j'y aurais même laissé bêtement ma peau, si la Providence vraiment plus charitable que je ne le suis, n'avait pris soin de m'en tirer. J'en remercie chaque jour le ciel, en particulier N.-Dame de Chartres, la belle vierge du vitrail bleu, et la prie par la même occasion de vous rendre la santé.

« Je pense toujours à vous aux heures de découragement ou de colère et je cherche à aller vous retrouver dans ce cadre où vous vivez et qui ne m'est guère connu. D'ailleurs quel cadre m'est connu maintenant ? A force de vivre comme dans un rêve ces paysages de Ch. profondément sauvages et tristes on finit par ne plus pouvoir imaginer un pays où il y ait des arbres, des fruits, des fleurs, des maisons.

« On devient comme fou à force d'être replié sur soi-même dans ce cadre grandiose où l'on respire alternativement l'odeur fade et écœurante des charniers et celle brûlante et excitante de la poudre. Je vous en supplie, donnez-moi les conseils de la sagesse, car je sens peu à peu s'user avec des alternatives de hausse et de baisse la provision d'énergie et les économies de volonté qu'avaient accumulées lentement 10 années d'éducation. Je ne sais comment me ressaisir... »

Verdun, 25 juin 1916.

« Mon cher capitaine,

« Je vous réponds bien tardivement et m'en excuse par ce fait que depuis 8 jours à V..., je n'ai guère eu de temps à moi. Votre lettre du 1er juin a d'ailleurs attendu quelque temps mon retour de permission.

« J'ai été en effet évacué le 22 mai à la suite d'une intoxication légère, due à la chimie boche. Je suis resté quelque temps dans une ambulance du front dont je me suis sauvé le plus vite posible, les bruits de départ se faisant de plus en plus précis. J'ai même craint un moment de rater la mise en position. Je me hâtais bien à tort, car je suis rentré 8 jours en avance et j'ai fait les étapes dans de si mauvaises conditions, qu'à peine arrivé je me suis trouvé malade et ai dû rester une semaine environ sans manger pour cause de fièvre.

« Actuellement, je suis remis sur pied, je l'espère, définitivement. Comme je vous l'ai dit, nous sommes actuellement en position non loin de V..., où la bataille gronde toujours avec violence. Ma permière impression fut une vive désillusion, je m'étais imaginé tout autrement la chose. A vrai dire, la simple réalité vaut cependant la peine d'être vue. La lutte d'artillerie ne paraît pas près de croître et est réellement prodigieuse par le grand nombre de coups tirés. Malheureusement les méthodes sont très simplistes et bien des obus tombent dans le désert.

« Au surplus la grande différence entre ce secteur et les autres du front réside en l'absence presque complète de tranchées et d'abris en 1re ligne. Il s'ensuit pour notre malheureuse infanterie, des pertes formidables. Malgré celles-ci, nos troupes résistent avec une opiniâtreté surprenante aux attaques violentes et précipitées des boches qui se sentent menacés un peu de tous côtés et maintiennent intégralement leur volonté de nous avoir. Ces allemands sont vraiment prodigieux comme constance et méthode. Le champ de bataille de V... est depuis le début, comme un gigantesque brasier, où se volatilisent avec une rapidité prodigieuse, divisions sur divisions. Nous attendons tous ici avec une impatience un peu fébrile le déclanchement de notre offensive qui seule peut éteindre cette fournaise. Je souhaite seulement que le groupe ait le temps de retourner y prendre part, car l'offensive est, malgré tout ce que le succès a de problématique, mille fois préférable.

« Je vous demande bien pardon de ne causer que de moi, mais il me serait presque impossible d'évoquer autre chose que les impressions actuelles, car leur violence prime tout et efface toute autre idée. »

« Mon cher capitaine,

« Je vous écris en pleine tourmente afin de m'occuper et de fuir l'obsession. Les Boches s'obstinent avec une persévérance inouïe sur ce pauvre secteur de V... qui pourtant même en temps calme n'est pas si fameux.

« Nous sommes tous ici littéralement abrutis, affolés par le vacarme. De seconde en seconde les éclatements et les départs se succèdent. Il est impossible de s'entendre si l'on ne se cause dans le tuyau de l'oreille. Avec cela immobilité forcée, peu de chose à faire en dehors des coups de téléphone qui se précipitent de plus en plus.

« Heureusement tout ce tapage n'est pas aussi meurtrier qu'on le pourrait croire ; nous n'avons encore depuis ce matin à déplorer dans le groupe que deux tués et ½ douzaine de blessés. Nos batteries ne sont pas repérées par l'ennemi et les obus tombent au hasard un peu partout...

« Excusez les ratures dont ma lettre se surcharge, il m'est assez difficile d'avoir de la suite dans les idées, d'autant plus qu'en temps normal je n'en ai jamais eu beaucoup.

« Pour le moment, la vie intellectuelle est un peu diminuée ici. On se contente de la joie d'être encore indemne, alors qu'autour de soi la mort fauche sans trêve.

« J'ai cependant lu ces temps derniers « le voyage du Centurion » d'Ernest Psichari. C'est un livre qui m'a beaucoup plu parce que j'y ai trouvé un peu de moi-même et l'accent de la conviction qui n'est pas assez fréquent pour qu'on n'en soit charmé. Je vous quitte, car la place me manque et le téléphone m'appelle... »

C^{me} D. 19 juillet. — « J'ai un double plaisir à recevoir de tes nouvelles, te savoir toujours bien portant et te sentir aux postes d'honneur... Verdun reste un nom prestigieux même après la Somme. Finie la Marne, fini l'Yser. Le monde où l'on s'amuse, et pour qui la guerre se fait légère, ne frissonne un peu qu'en parlant de Verdun : c'est de bon ton de s'y rattacher par quelque lien de parenté, d'amitié, ou de marrainage. Ici l'on n'y manque pas. Tu penses que ton cher ex-lieutenant a d'autres raisons meilleures de savoir que tu fais ton quart à ton tour, auprès de la citadelle.

« Monsieur, je connais et Verdun et la Voëwre et tous les alentours. J'ai été baptisé avec des dragées de Verdun, et Pâques et les vacances, chaque année m'en valait quelques boîtes. Toute ma campagne si courte a eu Verdun pour pivot. Ainsi je te situe mieux dans la tourmente, et je pense mieux à toi.

« Je suis heureux surtout de pouvoir me laisser aller à l'espoir que tu t'en tireras, et que Dieu continuera à te protéger.

« Il est horriblement difficile de se bien représenter quand on écrit à un poilu, l'atmosphère où va s'aller perdre la chétive lettre qu'on barbouille, etc... »

1ᵉʳ août 1916, V...

« Mon cher capitaine,

« Une nouvelle attaque boche particulièrement violente dans notre secteur me remet en mémoire la dernière lettre que je vous ai écrite et votre réponse si prompte.

« J'en profite aussitôt pour fuir, à tire d'aile l'atmosphère empestée de gaz lacrymogènes que nous vaut la chimie boche, et retourner vous voir dans ce Bordeaux que je n'ai vu qu'une seule fois, mais que je me rappelle cependant sous des couleurs vives et précises... Croyez bien que notre manière de voir à nous, artilleurs de V., n'est pas si distante de la vôtre, qu'on pourrait le penser. Je dis artilleurs, car il y a sur le front deux mentalités bien distinctes. Nos camarades de l'infanterie sont différents de nous. Ils possèdent pour la plupart un fatalisme étonnant, conséquence logique du danger incessant qui les entoure. Ils manifestent une profonde joie de vivre bien naturelle pour quiconque est journellement frôlé et même un peu bousculé par la mort. Pour eux, à chaque jour, suffit sa peine, cela s'explique : toujours en mouvement, ils n'ont guère de temps, toujours fatigués, ils n'ont guère de goût pour envisager un avenir qui ne leur est au surplus, rien moins qu'assuré. Mais nous qui sommes aux fantassins ce que les solitaires de la thébaïde sont aux martyrs, nous vivons une toute autre vie. Le danger n'est plus pour nous une obsession, c'est un excitant, la sauce piquante du bouilli quotidien. Très généralement, nous lisons beaucoup tout ce qui nous tombe sous la main, dans le désir, plus ou moins explicite, de ne pas perdre entièrement les longues heures d'attente. Si « time is money » que de milliards gaspillés.

« Enfin, nous nous posons presque tous le perpétuel

point d'interrogation : que ferons-nous après la guerre — que deviendra la France ? Pensez avec quelle rage nous voyons sur notre pauvre pays, s'acharner l'effort allemand. Que d'énergie gaspille-t-on ici même ? Combien en avons-nous vus monter aux tranchées, qui ne sont pas redescendus. Sur cette note générale de tristesse et de pressentiments sombres, se greffent mille paradoxes. La France, enrichie de tout ce que le gouvernement lui a emprunté, va entrer dans une période de grande prospérité, sans doute en effet y aura-t-il beaucoup d'argent en circulation, mais sa valeur ne va-t-elle pas diminuer en conséquence ? Au surplus une grande partie de cet argent n'est-il pas passé dans la poche d'une minorité riche ? Autre chose si l'Etat, surchargé de dettes venait à faire banqueroute !

« Je n'en crois rien, car alors la grosse industrie, inquiète pour la rentrée de ses créances mettrait sans doute le holà !

« Pour ce qui m'est propre, je me suis souvent posé la question. La Jeunesse de France va-t-elle, après la guerre, épuisée par le trop grand effort, prendre sa retraite et planter ses choux, où, au contraire, son énergie ressuscitée par l'approche de la mort, se lancera-t-elle avec âpreté dans les combats de l'après-guerre ?

« Cela même suffirait-il, les Allemands ont des milliers d'enfants de plus que nous, ne serons-nous pas mangés tout de même. Y a-t-il remède à cela ?

« Peut-être : donner aux enfants une éducation qui les prépare à vivre et à agir plutôt qu'à penser, qui forme en même temps que leur intelligence, leur volonté.

« Le fera-t-on ? avons-nous le droit d'espérer. Mais je vois que je bavarde, ce fut toujours un peu mon défaut, je vous quitte bien vite en vous demandant pardon de vous avoir ennuyé si longtemps.

« Je vous serre la main en vous assurant de mon souvenir très respectueux.

« E. De Boudemange. »

NOTES DÉTACHÉES

Son programme (1915) comportait travaux, lectures annotées et réfléchies en gardant traces des résultats.

Il est des gens bien curieux, qui ne savent ni accepter ce qu'ils désirent, ni refuser ce qu'ils déplorent. Ce sont ceux-là qui se plaignent généralement le plus d'injustice à leur égard.

Vaut-il mieux savoir se passer du superflu et jouir du nécessaire que savoir se passer du nécessaire et jouir du superflu ?

Le Français manque rarement d'intelligence ou de cœur, mais presque toujours de volonté. C'est une des conséquences de l'ancienneté de la race. Elle aurait besoin d'être refondue avec une race plus neuve comme au moment des invasions les germains se mélangèrent aux latins. Si l'Allemagne dévore un jour la France, elle deviendra plus française que la France ne deviendra Allemande.

Connais-toi toi-même, avait dit le sage. Je suis stupéfait en découvrant aujourd'hui seulement la cause de bien des insuccès comme de beaucoup de réussite ! J'ai pris peu à peu sans y prendre garde, l'habitude de penser à voix basse au lieu de penser en silence comme les autres gens.

Conclusion ou cause d'un très grand bavardage ; conclusion ou cause également d'une grande facilité et d'une grande rapidité de riposte.

Un des bienfaits et une des faiblesses des organisations militaires est qu'elles sont indépendantes des valeurs personnelles.

Une unité que ses chefs commandent mal ou ne commandent pas, vit quand même.

Pour obtenir qu'elle aille un peu mieux, et bien peu, il faut un effort considérable et constant.

PIERRE JAVELLOT
SÉMINARISTE, SERGENT

(1895-1918)

« Le devoir, il l'a accompli hautement.
sans regarder si le devoir était le sacrifice. »

Mgr BAUNARD.

Cette grande idée du devoir, notre jeune héros l'a pleinement réalisée et rendue vivante dans tous ses actes. Ecolier, séminariste, soldat, dès qu'il avait compris où était pour lui « le devoir » rien n'arrêtait son élan, il allait jusqu'au bout. Si aux derniers jours de la terrible guerre, il est tombé au champ d'honneur, c'est que dans la mission périlleuse qui lui avait été confiée, il a embrassé non plus seulement le devoir, mais le sacrifice.

Pierre Javellot naquit à Montluçon, le 10 décembre 1895. A peine âgé de deux ans, il perdit son père. Peu après sa mère vint se fixer à Gannat avec une sœur pleine de dévouement et de tendresse qui l'avait élevé, et ensemble elles s'occupèrent de l'éducation des quatre petits orphelins. Dans cette atmosphère de foi et de vertu, Pierre montra, dès sa plus tendre enfance, une inclination naturelle pour la piété : il ne se serait jamais endormi sans se recommander de lui-même au bon Dieu. Tout petit encore, porté sur les bras, il se taisait d'instinct quand on entrait dans une église, semblant deviner et sentir la présence de Jésus dont il bégayait déjà le nom. Plus tard, il se plaisait à imiter dans ses jeux avec son frère et ses sœurs, les cérémonies sacrées, et cela avec un sérieux au-dessus de son âge.

Pierre avait sept ans quand il entra au Petit Séminaire, à Clermont-Ferrand, où sa famille résidait alors. Ses maîtres eurent bientôt reconnu en lui l'élève studieux au caractère franc, ouvert, plein de gaieté, bien que souvent espiègle et volontaire.

Intelligent et travailleur, il obtenait chaque année des succès dans ses classes. Comme ses yeux brillaient de plaisir au jour des Prix, alors qu'il venait offrir à sa famille, déjà fière de lui, les lauriers mérités par un labeur soutenu.

D'un caractère jovial, aimant à rire, il usait parfois d'innocentes plaisanteries.

Une après-midi de séance des prix, il accourait à Saint-Alyre, pour voir sa tante qui s'intéressait fort à ses études. « Eh bien ! lui dit celle-ci, as-tu beaucoup de succès ? Lui, prenant un air confus, répondait d'un ton bas et timide : Tante, je n'ai pas un accessit.... Mais quoi ? n'as-tu pas réussi tes dernières compositions ? — Peut-être.... mais je n'ai aucun accessit ! L'énigme était vite dévoilée par son entourage : il avait remporté 13 prix !....

Avec l'amour du travail, Pierre possédait certains dons innés qui lui fournirent plus d'une occasion de rendre service aux autres. Il était doué d'aptitudes spéciales pour la mécanique. Que d'heures passées à raccommoder ses jouets et mieux encore à inventer ou perfectionner quelque objet. On le voyait tour à tour faire, défaire, recommencer son ouvrage avec une patience inlassable. Une petite réparation s'imposait-elle dans le ménage ? Pierre se mettait à l'œuvre et bientôt, grâce à son adresse, à sa persévérance, l'objet endom-

magé reprenait son premier état. On recourait souvent
à son ingénieux talent, et c'était pour lui un vrai plaisir de se rendre utile à la maison.

Tout enfant, on le voyait s'arrêter de longs moments
devant une auto, un tramway, comme pour interroger
la science moderne et en saisir les secrets. Il collection-
nait les catalogues d'automobiles dont il connaissait
toutes les marques. Les merveilles de l'électricité le
captivaient ; il en devinait les combinaisons et faisait
tout seul de petites expériences un peu téméraires et
imprudentes parfois ; mais les légers accidents qui
s'en suivaient ne l'effrayaient point, et il savait habilement les réparer.

L'année de la 1re communion arriva, et le pieux enfant s'y prépara avec ferveur et générosité. Quelques
mois avant ce grand acte, il eut le chagrin de voir
expulser par des lois sectaires, les prêtres zélés qui se
dévouaient à son éducation. La Maison étant fermée,
Pierre fit sa première Communion dans la chapelle
des Missionnaires africains, à Richelieu, près Clermont.
La cérémonie fut particulièrement émouvante. Dans
cette journée inoubliable, le jeune communiant eut
l'heureux privilège d'entendre la parole éloquente et
persuasive de son oncle, M. l'abbé Cosse, alors curé de
Clignancourt. Le prédicateur avait pris pour thème la
nécessité pour les jeunes gens de se faire une volonté
ferme, énergique, capable de triompher des luttes et
des difficultés de l'avenir. Où trouveront-ils cette force
d'action, sinon dans l'Eucharistie ? Cette pensée se
grava profondément dans l'âme du premier communiant, et dès ce jour, il s'appliqua à acquérir la volonté
à toute épreuve qui devait le pousser plus tard à l'hé-
roïsme.

En juillet 1907, sa famille vint s'établir à Paris.
Pierre continua ses études au collège Ste-Marie de

Monceau et en 1912, il passait à l'Ecole diocésaine de Conflans, d'où il sortait avec ses grades de bachelier.

Dans cet intervalle, il eut la douleur de voir partir pour le ciel sa sœur Marie, son aînée de quinze mois, morte à 17 ans comme une petite sainte. Que de regrets, que de larmes autour du blanc cercueil ! Pierre aimait profondément sa sœur et se reprochait alors jusqu'aux innocentes taquineries qui auraient pu lui causer de la peine. Depuis, il la regarda comme sa céleste protectrice et l'invoquait aux heures difficiles et cruelles qu'il traversa pendant la guerre.

Affectueux et délicat, il entourait de tendresse et de prévenances sa mère, son oncle dans lequel il retrouvait un père. Comme il se plaisait au milieu des siens ! Rien ne lui était plus doux que de partir en vacances pour jouir à l'aise de deux longs mois de villégiature à la campagne ou au bord de la mer, alors que toute la famille y était réunie. Et quand il fut soldat, avec quel empressement il arrivait en permission à la maison paternelle. Il savait la remplir d'une franche gaieté qui se traduisait dans ses chants joyeux, et charmait tout le monde, par sa conversation animée, ses récits intéressants.

Que de fois, durant ses trop courtes permissions, il a regretté de ne pouvoir faire le voyage de Clermont ! Revoir son Petit Séminaire, ses anciens maîtres, était son grand désir.

Mais les jours étaient comptés, et la pensée de quitter, même pour peu de temps, la famille où il se retrouvait si rarement, lui avait fait ajourner jusqu'alors le voyage projeté.

Pierre en qui se révélait déjà une âme apostolique, s'était fait admettre comme membre de la Petite Conférence de St-Vincent-de-Paul, fondée en 1907, dans la paroisse que son oncle dirigeait avec tant de zèle ; il aimait à visiter ses pauvres, ses « bonnes vieilles » comme il les appelait, et pour tous il avait ce bon sourire, cette parole réconfortante, qui donnait plus de prix aux aumônes qu'il leur distribuait avec tant de joie. Faire du bien, faire plaisir, était la noble aspiration de ce jeune cœur qui comprenait si bien la charité chrétienne.

Au mois d'octobre 1914, Pierre entrait au Séminaire d'Issy, pour y suivre un appel divin qui remontait à sa première Communion. Il ne put y rester que deux mois : c'était la préparation à la vie de sacrifice qui devait être la sienne.

« *Deo gratias !* écrivait-il à la veille de son départ pour la caserne, on va pouvoir se battre un peu et y mettre du sien dans cette grande guerre. J'espère que les deux mois que j'ai passés au Séminaire m'auront préparé à la mort qui arrive si facilement en ce moment. Je m'y attends et me tiendrai toujours prêt pour obéir à la voix de Dieu quand il me dira : tu as assez vécu. »

En décembre 1914, sa classe fut appelée. Il partit, le cœur serré mais plein de courage. heureux d'aller défendre sa patrie et disposé à offrir sa vie s'il le fallait pour la sauver. Il partit avec la volonté de se conduire toujours en séminariste-soldat et de donner partout le bon exemple, « afin, disait-il, de faire quelque bien aux âmes avant de rendre la mienne à Dieu. »

A peine arrivé à Falaise, il écrit à sa mère le 24 décembre : « Ma chère maman, je suis très content d'avoir obtenu la permission de la nuit de Noël. Je pourrai assister à la messe de minuit. — Ce soir, je crois vous intéresser en vous parlant de ma vie de soldat. Dans la chambrée, composée de Parisiens et de Normands, pour la plupart gens grossiers et irréligieux, je fais matin et soir ma prière, à genoux sur la paille, ce qui ne m'a jamais valu ni risée ni moquerie. — Je vais bien penser à vous durant la messe de minuit et prier pour toute la famille. Priez aussi, ma chère maman, afin que je me conduise toujours en bon séminariste, donnant le premier l'exemple. Comptez sur moi, je vous ferai honneur. »

Et le 11 janvier suivant : « Mon caporal, instituteur, est très aimable et bienveillant. Hier soir, après l'extinction des feux, j'ai entrepris, avec deux camarades séminaristes, de l'amener à la religion catholique. Il est surtout très ignorant. Ma tâche est de le convertir. Priez pour moi, ma chère maman, afin que j'y arrive. »

En mars 1915, il est envoyé avec son bataillon à Condé-sur-Noireau, et nommé instructeur des téléphones et télégraphes.

Le 17 juillet, il partait pour le front au 26e bataillon de chasseurs à pied, après avoir adressé à sa mère et aux siens, un touchant adieu et promis une fois encore de se conduire en brave.

Les nombreuses lettres, dont nous extrayons quelques fragments, vont nous permettre de suivre notre vaillant soldat, à travers les douloureuses étapes de la terrible guerre.

2 Septembre 1915. — Ma chère maman, nous quittons notre cantonnement pour une destination inconnue.... Je suis désigné comme éclaireur. Rassurez-vous, je serai très prudent, mais jamais je ne reculerai devant le devoir. Vos prières aideront ma bonne volonté et mon courage. Que la volonté de Dieu soit faite !

7 Octobre. — Ma chère maman, me voilà installé à l'hôpital de Sézanne. Je vais vous donner les nouvelles que vous attendez avec impatience. Tout d'abord, il nous faut remercier le bon Dieu qui m'a visiblement protégé, car j'ai eu à mes côtés bien des tués et des blessés très gravement. C'est au nord de Souain, près de la Ferme-Navarin que j'ai reçu le baptême du feu. Vers minuit, la fusillade devint très vive ; nous creusons une tranchée pour nous abriter jusqu'au matin. L'ordre de l'attaque donné, je vous avouerai, ma chère maman, que j'ai éprouvé une seconde de terreur et récité de tout cœur mon acte de contrition. Notre sous-lieutenant a remonté notre courage et je vous assure que dans la suite je n'ai plus eu peur du tout, bien que jamais nous n'ayons été si exposés.

Dieu merci ! j'en suis revenu ! Un gros obus est tombé à un mètre devant mon parapet qu'il a renversé et m'a enterré tout entier, sauf la tête, me rendant sourd de l'oreille droite. Je me suis dégagé tout seul et ai refait mon parapet, sous les balles ; puis en rampant, j'ai été dégager mes deux voisins également enterrés.

Le vendredi matin 1er octobre, le bombardement devient plus intense. Un shrapnell éclate à 50 mètres et m'atteint à la lèvre inférieure. Je ne souffre pas beaucoup, mais suis encore sourd de l'oreille droite. Je serai bientôt guéri. Venez me voir, ma chère maman, je serai si heureux.

La guérison fut en effet rapide, et il venait le 28 octobre, passer quelques heures au Séminaire qui lui rappelait si vivement sa vocation.

De Châlons, 7 novembre. — Je pars cette après-midi à 3 h. ½ dans la direction de Suippes. N'ayez point d'inquiétude, s'il m'arrivait quelques blessures, vous seriez prévenue. J'ai ma plaque d'identité au poignet et un bon fusil pour tuer des Boches. Je ferai mon devoir en séminariste et tâcherai de relever le moral de ceux qui en auraient assez, je leur donnerai bon courage, car j'en ai. Mais priez bien pour moi.

Le 16 novembre, il écrit à Issy : « Je suis de nouveau dans les tranchées. La pluie, le vent, la neige, la gelée, en rendent le séjour peu agréable. Acceptons ces souffrances, offrons-les au Cœur de Jésus pour le salut de notre Patrie. J'ai trouvé ici bien des pertes : 7 séminaristes sur 10 et 3 prêtres sur 4. Espérons que la Providence comblera ces vides et ravivera la vie spirituelle qui aurait besoin d'un nouvel élan. »

Après un cours de trois semaines à la Cheppe comme élève-caporal, il écrit à sa mère :

9 et 17 Mars 1916. — Nous venons de passer de durs moments. Les torpilles sont quotidiennes et épouvantables. Les Boches ont attaqué une partie du bataillon et fait de nombreux prisonniers. Il s'en est fallu de peu que nous aussi nous y passions. J'ai invoqué ma petite sœur Marie, elle m'a encore protégé. Je pense à vous, ma chère maman, et je prie pour vous, bien que nous n'ayons jamais d'exercices religieux ni d'aumônier. — Une nouvelle qui vous fera plaisir : je suis nommé caporal. Cela me fait grand'peine de quitter ma place d'agent de liaison.

Peu après, écrivant à Issy, il ajoutait : « Notre bataillon sans être engagé dans la formidable lutte de Verdun, a été fort éprouvé par d'intenses bombardements et par une attaque assez forte où nous avons eu toute une Compagnie faite prisonnière. Priez pour moi, afin que je revienne de cette guerre et que je puisse me consacrer tout entier au service de Dieu et des âmes. »

28 Avril. — Vous souvenez-vous, ma chère maman, du 27 avril 1907, jour de ma première communion ? Que de choses se sont passées depuis ! Aujourd'hui nous sommes en première ligne. Mon nouveau galon de caporal-fourrier me fait de plus en plus plaisir. La

date de ma permission approche, comme je m'en ré-
jouis !

9 Mai 1916. — J'ai une très bonne nouvelle à vous
annoncer : je suis cité à l'ordre du jour du bataillon.
La remise des croix de guerre aura lieu dans une quinzaine. Je suis très content. Vous m'avez demandé de
revenir gradé et décoré à ma prochaine permission,
votre désir et le mien sont remplis. »

Nous donnons ici le texte de cette première citation :

« *Javellot Pierre, chasseur de 2° classe au 26ᵉ*, du 26
février au 2 mars, n'a cessé d'assurer le service d'agent
de liaison de sa Compagnie, dans des circonstances
difficiles et malgré de violents bombardements. »

Cette citation, qui lui a valu sa croix de guerre, peut
prouver à elle seule sa générosité. Sur sa demande, il
a remplacé comme agent de liaison un père de famille
désigné pour assurer ce service.

28 Mai (à sa mère). — Vous avez sans doute appris
qu'après un très violent bombardement, les Boches ont
attaqué et pris un élément de première ligne. Aussitôt
une contre-attaque a été déclanchée, et les Boches ont
repris le chemin de leurs lignes, laissant plusieurs
morts et blessés. En fin de journée, nous étions tous
très joyeux de voir notre artillerie faire de magnifiques
tirs sur les premières lignes boches. Tous les calibres
étaient en jeu, depuis le 75 rageur jusqu'aux gros
220 et 270, dont l'éclatement était sinistre. Cela nous a
remonté le moral qui est vraiment merveilleux ces
jours-là.

« Honneur aux chasseurs du 26ᵉ », disait le commandant, hier soir en première ligne.

Cette journée du 27 mai m'a été, je ne vous le cache
pas, plus agréable qu'une journée de permission. Je

remercie le bon Dieu de m'avoir protégé encore, car plus d'une fois je l'ai échappé belle.

20 Juin. — Nous sommes au repos dans un petit village aux environs de Verdun, la canonnade est des plus vives. Le Commandant nous a fait de nouveau l'éloge du bataillon et espère que nous serons à Verdun, non seulement pour repousser les attaques, mais pour avancer comme sur les autres points du front. Je suis toujours bien content de mon sort et prêt à faire tout mon devoir.

27 Juin. — Tout va bien malgré les bombardements très violents. Nos canons tonnent aussi fort que ceux des Boches. Voilà déjà trois jours que nous sommes dans la fournaise.

16 Juillet. — Depuis le 23 juin, je fais les fonctions de sergent-fourrier. A Verdun, j'ai eu pas mal de plis à porter dans des circonstances assez dures, car les boyaux sont repérés avec beaucoup de précision, et les obus sont très fréquents. Le bon Dieu m'a encore protégé ; je l'en remercie de tout mon cœur.

29 Juillet. — En descendant des tranchées, j'ai été envoyé avec plusieurs camarades pour suivre le cours de T. S. F. et me voici à la Compagnie télégraphique de la 5e armée. Les exercices sont fort intéressants : nous recevons tous les télégrammes de la Tour Eiffel, de Lyon, d'Allemagne et même de Vienne.

Dans la petite église du village a lieu chaque soir le Salut du St-Sacrement ; il y vient assez de monde. Demain, dimanche, j'irai à la messe de 7 heures et penserai bien à vous, ma chère maman.

17 Septembre. — A mon retour de permission, je suis rentré à mon bataillon qui a assez souffert des gaz asphyxiants, et suis arrivé pour recevoir une attaque allemande. Heureusement nous avons chassé les Boches. Puis, nous sommes allés à Verdun, à côté de Fleury et du fort de Vaux, où nous sommes montés trois fois en trois semaines. En retournant à l'arrière, la même phrase était sur toutes les bouches : « Il y a tout de même un bon Dieu, puisque notre bataillon a été épargné. » Notre bon Aumônier y a été tué. Nous avons pris le secteur de Soissons et ce soir nous montons en ligne du côté de Péronne. Le canon tonne sans discontinuer.

Ce matin, à la Ste Messe, l'église était trop petite pour contenir tous les soldats qui voulaient y entrer. La confiance règne partout et le moral est vraiment très bon. Je suis détaché à la division comme chef de poste radiotélégraphique. C'est très intéressant, et j'ai plus de temps pour mes exercices religieux.

1ᵉʳ Octobre 1916. — Ma chère maman, après un très long voyage, me voilà dans un hôpital, à Berck-Plage. Demain je vous dirai comment j'ai été blessé. De ma fenêtre je vois la mer qui est superbe. Je pense à vous et à ma petite sœur Marie, quand je contemple cette belle plage qui me la rappelle.

2 Octobre. — Vous attendez avec impatience de mes nouvelles. J'ai reçu deux blessures à la cuisse. La première est fermée et la seconde, restée ouverte, me fait assez souffrir. L'obus qui m'a atteint en a tué quatre et blessé cinq et par miracle n'a pas fait sauter un dépôt de grenades situé tout à proximité, sans quoi on aurait pu compter mes morceaux et ceux de beaucoup. J'ai été blessé le 29 septembre, à 1 h. ½ du matin, à mon poste de réception de T. S. F. J'ai attendu le petit jour, et prenant deux fusils en guise de béquilles, je suis parti à travers un terrain glissant et bouleversé par les obus. Il m'a fallu plus de trois heures pour faire

5 kilomètres ; à la fin je n'en pouvais plus... Je suis heureux d'en être quitte à si bon compte et de ne pas avoir le sort de tant de mutilés. Je le dois à la protection de ma petite sœur et à vos prières. *Deo gratias !*

Le 7 octobre, il écrivait à Issy : « J'accepte volontiers toutes les douleurs de ma blessure en les offrant en réparation à N. S. Le livre du Blessé m'intéresse. Je suis très bien soigné à l'hôpital de Berck-Plage. A quand mon retour au Séminaire ? »

La blessure était très grave et très douloureuse, elle l'immobilisa durant plusieurs semaines. Evacué le 16 octobre, sur l'hôpital franco-anglais (Hôtel Astoria), à Paris, il put se lever et à force de volonté, faire quelques visites à sa famille et à Issy.

Le 24 janvier 1917, il était envoyé au dépôt de physiothérapie, au Grand Palais. C'est là qu'il reçut sa deuxième citation à l'ordre de la Division : « Javellot « Pierre, caporal-fourrier au 26ᵉ cataillon de chasseurs « — Chef d'une équipe de T. S. F. de la Division, gradé « plein d'entrain et d'initiative, a été blessé en installant « son poste dans un endroit particulièrement bombar- « dé. » Il ne put quitter les hôpitaux qu'en juillet 1917.

Un de ses amis, sergent comme lui, nous transmet cette note intéressante :

« Admis en août 1917 à l'Ecole des Elèves, chef de Section de Fillerval, Javellot Pierre, alors caporal-fourrier, s'y montra un élève brillant. Il en sortit en décembre avec le numéro 7 sur 500 élèves. Il fut affecté au 289ᵉ R. I., et nommé sergent.

Il ne tarda pas à se faire remarquer dans les tranchées de Juvincourt par son courage tranquille et sa grande égalité d'humeur. Un long repos à Crouy-s-Ourcq lui permit de faire apprécier ses capacités théoriques. Ardent, généreux, plein d'entrain, son plus

Pierre JAVELLOT

SÉMINARISTE
SERGENT

DÉCORÉ DE LA CROIX DE GUERRE

Mort pour la France le 3 Juillet 1918

grand désir était de retourner à son beau bataillon de chasseurs, comme il le qualifiait. Là, il se sentait dans son milieu de jeunesse et d'activité.

Aux tranchées, 14 janvier 1917. — Il y a six ans, à pareille date, notre petite Marie n'avait plus beaucoup de jours à vivre. Quand vous irez au cimetière, ma chère maman, vous ne manquerez pas de faire une prière pour moi. Je serai en union avec vous. Je lui demande avec confiance de nous protéger, Paul et moi, comme elle l'a fait jusqu'ici. Combien de fois nous aurions pu être tués tous les deux !

J'ai écrit au commandant. Je doute que je puisse passer au 2° bataillon de chasseurs qui appartient au groupe des Armées de l'Est. C'est bien difficile de passer du G. A. N. au G. A. E. Il y a comme une barrière. Pour le moment, je me promène dans les boyaux avec mon uniforme de chasseurs, faisant l'étonnement de tous ceux qui me croisent. Un de ces jours je vais être pris pour un espion... Je rirais si cela arrive !

L'adjudant de ma Compagnie est né à Aigueperse et a habité la rue Delarbre, à Clermont pendant neuf ans, avant la guerre. Singulière coïncidence !

A Issy, 6 Mars 1918. — Nous attendons une entrée en scène qui sera certainement très mouvementée. Je suis tout à fait habitué à mon service de sergent. Il me plaît assez et me donne des loisirs que j'utilise pour des lectures. Notre village possède une fort belle église. Nous avons la messe basse et la grand'messe tous les dimanches avec sermon. Je suis heureux d'y pouvoir faire la sainte communion et de penser au sacerdoce. Le seul apostolat que je puisse faire est celui de l'exemple ; je tâche de me montrer un bon chrétien qui ne cache pas ses convictions et prend à cœur de les défendre. Nos officiers sont des catholiques pratiquants.

Ce calme ne devait pas durer longtemps.

Il écrit le 15 avril 1918 : « Depuis dix jours, je suis dans la grande bataille, dans une région citée presque chaque jour aux communiqués comme étant le siège d'une grande activité. Encore une fois, *Deo gratias !* J'ai échappé à la mort qui a frappé autour de moi bien des camarades, tous fort courageux et vaillants. Dieu ne peut leur refuser l'entrée du ciel ; ils ont fait avant leur mort un purgatoire terriblement douloureux qui aura racheté leurs fautes. Je suis toujours aux avant-postes, et c'est une place fort difficile pour qui veut faire consciencieusement son devoir. »

Le 2 mai il écrit à sa mère : Depuis 2 jours, je suis en réserve dans de profonds abris, à 5 kilomètres des Boches. Si vous saviez comme cela fait du bien de pouvoir causer à haute voix après avoir chuchoté pendant 10 jours. Nous pouvons nous reposer tout à loisir. Aujourd'hui par le beau soleil dont j'aime tant les gais rayons, je n'ai pu rester au fond de ce triste abri et je vous écris assis au pied d'un grand arbre dont le feuillage me cache à la vue des avions. Quel beau jour de printemps ! Le vent est un peu frais et par moments assez vif. Tant mieux, car dernièrement les Boches ont envoyé par ici quantité d'obus toxiques, et nous avons dû mettre nos masques. Mais qu'il fait bon goûter la tranquillité sans soucis !

Savez-vous qu'en première ligne, dans le dernier secteur où s'est portée l'attaque, j'avais à défendre un front de 600 mètres. Ce n'est pas une petite affaire quand on prend sa tâche à cœur. Au moment du bombardement, j'ai dû moi-même saisir le fusil-mitrailleur et l'appuyer sur un tronc d'arbre pour mieux tirer. Les deux jeunes (20 ans) qui le servaient, étaient aplatis à terre comme des planches, parce que la mitraille donnait, et ce n'est qu'en me mettant debout qu'ils ont pu vaincre leur peur et faire le coup de feu avec moi. Nous étions bien exposés, il est vrai, mais si tous étaient restés le nez à terre, les Boches seraient peut-être ici à ma place. Nous nous trouvions sous les deux barrages d'artillerie, car le 75, selon son habitude, tirait très court ; de plus, les torpilles éclataient tout autour de nous, et la fumée était si épaisse qu'on aurait cru à un vrai brouillard. Le soir, nouveau bombardement. Je ne sais comment j'ai eu tout le courage que le danger m'a réclamé. J'étais pourtant bien abattu et le triste spectacle de la mort ne me réconfortait guère.

Un petit camarade, sergent avec moi, a été frappé en pleine tête par une balle explosive qui a fait feu en l'atteignant. La mort a été instantanée. Quelle horrible plaie !... Mais d'un coup je me suis secoué et n'ai plus songé qu'à mes poilus à qui je devais l'exemple, sans lequel il n'y a plus beaucoup d'entrain. J'ai dû parcourir tout mon front plusieurs fois, me demandant à chaque voyage si j'arriverais au haut sans être atteint, et pas même une petite blessure ! Peut-être ce sera pour la prochaine fois, car nous retournons en ligne dans deux jours.

A ses Directeurs d'Issy, 24 mai :

Nous sommes toujours en première ligne et nous nous attendons à une offensive allemande. L'aviation boche est d'une grande activité et ne laisse plus de doute sur les intentions de l'ennemi. Nous nous retranchons solidement, et tout porte à croire que les Allemands ne pourront plus obtenir un résultat aussi important qu'à leur offensive du 21 mars.

La mort de M. Napoly que j'ai connu à Conflans m'a été une douloureuse nouvelle. En apprenant de pareilles disparitions, je pense toujours que mon tour arrive et n'est plus bien éloigné. A un dernier bombardement, lors d'un coup de main, nous avons eu plusieurs tués, et je me suis demandé s'il ne fallait pas envier leur sort. Baucoup de souffrances nous seront encore demandées, et il faut les endurer par amour de Dieu, pour l'expiation de nos fautes et celles des autres. Priez pour que je remplisse toujours mon devoir, même dans les circonstances les plus difficiles, et que par l'exemple je fasse le meilleur des apostolats. »

Hélas ! un mois plus tard, ses tristes pressentiments allaient se réaliser et son héroïque sacrifice devait couronner l'héroïque offrande qu'il faisait aujourd'hui de sa vie pour le salut de la France.

14 Juin. — Ma chère maman, la dernière attaque des Allemands a dû vous inquiéter à mon sujet. Devant nous, rien ne s'est déclanché ; mais tout près de nous, sur la gauche, la bataille est acharnée, et le canon ne cesse de tonner jour et nuit. Les Allemands font sur nous de fréquentes diversions d'artillerie pour tâcher d'immobiliser nos réserves. Vous ai-je dit, ma chère maman, de quelle façon les Boches font la guerre ? Ce n'est que tromperie. Nous avons été attaqués par des Boches habillés en Français et en avons fait une véritable hécatombe. Leurs avions survolent quelquefois nos lignes sans danger, car ils sont maquillés et nous croyons à des cocardes françaises. J'ai eu toutefois la satisfaction d'en voir abattre plusieurs. Tout près de nous, à 200 mètres, les Allemands ont, la semaine dernière, employé un moyen d'attaque qui leur réussit quelquefois. C'est encore le maquillage. En première ligne, au bord du fossé d'une route, nous voyons au petit jour arriver une vingtaine de Français en casque et capote, sans armes ni équipement. Ils s'approchent de nous ; nous n'y prenons pas garde et à 20 mètres de distance, sortant de leurs poches des grenades, ils nous les lancent à toute volée. Vous pouvez supposer la surprise, et en voulant quitter le fossé, nous sommes pris sous le feu de plusieurs mitrailleuses boches qui font un bon nombre de blessés.

Ce sont des ruses désespérantes. Quels sauvages ! Ils font une guerre déloyale et s'attirent la haine et la vengeance.

J'ai bien failli être intoxiqué ces jours-ci, car nous avons reçu quantité d'obus asphyxiants. La tâche est de plus en plus dure. Les hommes sont tous fatigués. Depuis plus de deux mois il faut vivre de pénibles moments. Quand donc n'entendrons-nous plus le sifflement des obus et des torpilles d'avions ? Quand donc reverrons-nous un civil, une maison intacte et non plus la désolation et la mort ! C'est vraiment affreux, et de jour en jour l'épreuve devient plus rude. Vos prières m'aideront à ne point défaillir. Je vais m'armer de courage, car d'ici peu la bataille va se rallumer dans notre secteur. Pour l'instant, nous sommes en réserve à 1 kilomètre de la 1re ligne.

20 Juin. — « Je suis en première ligne ; j'occupe avec ma section une ancienne tranchée allemande datant de 1915. La guerre de tranchée recommence.

Un commandant m'ayant fait appeler, je suis allé le trouver dans un petit village, à 6 kilomètres à l'arrière. Quelle impression de vie j'ai éprouvée, en apercevant des maisons intactes, de jolis jardins, des fleurs superbes au milieu d'une campagne ravissante. Les bords de l'Aisne sont très escarpés, et en cette saison on a une vue splendide. J'ai rapporté en première ligne un bouquet superbe d'œillets blancs et de roses rouges cueillis dans ce village. Je le ai installés dans un culot d'obus. Je suis retourné à ma Compagnie plein de courage et d'entrain. »

Quelques jours plus tard, il annonçait à sa mère qu'il venait d'être proposé une seconde fois pour le grade de sous-lieutenant. Peut-être la proposition n'aboutira pas, ajoute-t-il gaiement. Tant pis ! je ne m'en désole pas. Ce sera pour une autre fois.

23 Juin. — Je viens vous annoncer aujourd'hui ma 3ᵉ citation à l'ordre du Régiment. J'en suis plus content pour vous et pour toute la famille que pour moi-même. Néanmoins c'est une récompense qui fait plaisir et encourage à continuer. Je vous en transcris le texte :

« Excellent sous-officier, faisant montre d'intiative et « d'à-propos. Le 39 mai 1918, sous un violent bombar- « dement, a conduit dans le plus grand ordre le repli de « sa demi-section. Du... juin au... juin a, dans des condi- « tions délicates, maintenu la liaison avec les éléments « voisins. »

« N'allez pas me croire et m'appeler un *brave*, ma chère maman, je n'ai fait que mon devoir et pas davantage. »

29 Juin. — Ce soir, à la tombée de la nuit, je fais un fort coup de main sur les lignes boches. Avec mon groupe je pénétrerai jusqu'à 600 mètres dans les lignes allemandes. J'ai grande confiance dans le succès de cette opération préparée avec soin et j'espère bien en revenir. A la grâce de Dieu !

30 Juin. — Je suis toujours bien vivant. Le coup de main a été décommandé au dernier moment. Aujourd'hui j'ai eu un courrier bien agréable. Je vous remercie de vos bons souhaits de fête.

Le 1ᵉʳ juillet il écrivait à Issy entre deux bombardements : « Je n'ai guère de temps libre puisque mon régiment est toujours en ligne. Je suis heureux de vous annoncer ma 3ᵉ citation. Je l'ai eue le 23 juin pour la retraite ! D'ordinaire on ne récompense que ceux qui vont de l'avant, et voilà qu'on me donne une citation au régiment pour m'être bien replié ! Et à vrai dire, c'est peut-être une opération bien plus difficile qu'une attaque, parce qu'il faut éviter à tout instant l'enveloppement et garder en même temps le contact avec l'ennemi. J'ai eu à cœur de faire mon devoir de mon mieux, et c'est là un encouragement pour le faire mieux encore. Mes hommes sont au point de vue religieux meilleurs que je ne le croyais au début.

Mon apostolat auprès d'eux n'est autre que celui de l'exemple. Priez pour moi.

Le 2 juillet, il adressait à sa mère sa dernière lettre : « Je vais très prochainement aller à l'attaque des lignes boches. Je ne puis vous dire quand. Nous avons tous grande confiance dans le succès de cette opération. L'artillerie et l'aviation feront un travail formidable, c'est très rassurant. Je me sens bien plus de courage quand je sais que vous pensez à moi et me soutenez de votre affection. Aussi, vous pouvez être assurée que je remplirai ma tâche jusqu'au bout. Comme étant le plus jeune sous-officier de la Compagnie, j'ai une mission assez délicate à remplir, mais je pense bien pouvoir m'en tirer. A la grâce de Dieu ! Je vais tout à l'heure me confesser à M. l'Aumônier, afin d'être toujours prêt à toute éventualité. Le premier pas hors de la tranchée peut être mortel, comme je puis aussi revenir indemne. Ne vous inquiétez pas. Je vous quitte en restant par le cœur auprès de vous. Quand nous reverrons-nous ? Bientôt, peut-être... »

Et cependant, à côté de ses espérances, Pierre avait le pressentiment qu'il resterait dans la grande bataille. Sa dernière permission (Mars 1918) se passa bien tristement. Le bombardement par avions et canon à longue portée faisait rage sur la capitale.

Le moment du départ fut cruel. Pierre demanda la bénédiction de son oncle, M. le curé de St-Charles : scène émouvante pour tous. Il fit longuement le tour de la maison, s'arrêtant devant les portraits de famille, regardant attentivement ,chaque objet, comme pour fixer en sa mémoire de chers souvenirs... L'heure venue, il embrassa tendrement les siens à plusieurs reprises, se disant, hélas ! qu'il aurait à faire le sacrifice de sa vie !

Le Jeudi saint, à 6 heures du soir, eut lieu la séparation. C'était bien le suprême adieu !...

Grâce à des renseignements fournis par un de ses amis, la famille de Pierre Javellot put avoir des détails précis sur sa mort vraiment héroïque.

Le 3 juillet 1918, la Division attaqua, gagna 1.000 mètres de terrain et fit 800 prisonniers. Au soir de ce même jour, nous étions informés que les Boches devaient nous contre-attaquer. Aussitôt, sortant de nos positions nous avons bondi sur l'ennemi. Le Sergent Javellot, ayant aperçu trois soldats allemands, s'avance sur eux. Ils lèvent les mains. Comme il s'apprêtait à les faire prisonniers, l'un d'eux sort une grenade qu'il dissimulait et la lance sur lui, le tuant presque sur le coup. Les blessures étaient mortelles, l'une surtout à la poitrine. Les bandits, car un tel geste n'est pas d'un soldat, furent aussitôt passés par les armes. Javellot repose maintenant au cimetière d'Attichy (Oise), où ses camarades l'ont inhumé. Il emporte avec lui l'estime et les regrets de tous. »

Un de ses camarades, sergent comme lui et blessé, écrit le 19 septembre à Mme Javellot :

« J'avais fait la connaissance de votre fils à l'Ecole de Fillerval, et je m'étais félicité que nous ayons été envoyés tous les deux dans la même Division. Depuis, nous ne nous étions pas quittés. J'ai donc pu tout à loisir apprécier les qualités de votre pauvre enfant, sa bravoure froide et réfléchie qui n'excluait pas chez lui beaucoup d'ardeur. Son sang-froid en face du danger, son intelligence des situations en eussent fait un excellent officier. Enfin et surtout, c'était un camarade droit et sûr, dont j'appréciais particulièrement la société. Aussi, sa mort m'a-t-elle causé une bien douloureuse surprise. »

Lettre de l'Aumônier du Régiment à Mme Javellot

« Madame, je puis vous dire pour votre consolation et la tranquillité de votre cœur que votre fils est venu au soir de la veille de l'attaque me trouver pour se confesser. Il est donc parti au combat l'âme bien purifiée, et dans de très bonnes dispositions. Vous aurez la consolation de savoir que votre enfant a paru devant Dieu bien préparé et qu'il aura reçu dans le ciel la récompense des âmes de bonne volonté.

Acceptez donc, Madame, avec résignation, l'épreuve que Dieu vous envoie, prenez courage et consolation dans cette pensée que votre enfant est resté bon et chrétien jusqu'à la fin. Son âme était pure et prête pour le ciel. »

C'est la consolante certitude de ceux qu'il laisse ici-bas. Héroïque jusqu'au bout, il recueille aujourd'hui le fruit de tous ses sacrifices : il jouit de Dieu !

« Martyr pour le Pays, tu tombas plein de gloire,
« Alors qu'apparaissait l'aube de la victoire !
« Ce grand Jour, dès longtemps tu l'avais désiré,
« Par des combats sanglants, tu l'avais préparé...
« Ne méritais-tu pas après tant de souffrance,
« D'exulter à ton tour et d'acclamer la France ?
« Et tu meurs, ô vaillant ! répondant à l'appel
« Du Dieu qui te convie au *Te Deum* du Ciel !....

LE MARÉCHAL DES LOGIS

Marc DELAS

Entré à l'Ecole Massillon dès son jeune âge, Marc Delas y suivit le Cycle ordinaire des études jusqu'au baccalauréat, apprécié comme un bon élève, appliqué et toujours égal. Sa jeunesse scolaire s'écoula ainsi, entre ses professeurs et sa famille, ne donnant à tous que des sujets de satifaction.

De taille élancée, les traits distingués, d'un premier abord peut-être un peu froid, par suite d'un excès de timidité, mais bien vite corrigé par l'amabilité du sourire, Marc ne prodiguait pas les manifestations sentimentales et laissait volontiers à son prochain, non sans une pointe d'ironie, le soin de découvrir les grandes qualités de son cœur. Le milieu familial, par son intimité, était bien celui où pouvait le mieux s'épanouir sa nature et c'est bien à lui, en effet, qu'il s'adonna tout entier.

Il était l'aîné d'une famille nombreuse, de celles qui devaient payer si chèrement le tribut de la victoire, et il l'était dans toute l'acceptation du mot, ayant su gagner la confiance affectueuse de ses parents et prendre un ascendant indiscuté sur ses frères, grands et petits, par l'égalité et la droiture de son caractère et sa bonté enjouée.

Comme beaucoup de jeunes gens, il connut, au moment de choisir une carrière, les hésitations de ce tournant de la vie. Serait-il officier, comme son grand'père? Certaines dispositions scientifiques, si ce n'est le désir de retarder sa séparation d'avec les siens, le décidèrent pour la chimie industrielle et il commença, à la Faculté des sciences de Clermont, des études que vinrent bientôt interrompre les obligations du service militaire.

C'est ainsi que la déclaration de guerre le surprit élève-brigadier au 37° régiment d'artillerie, à Bourges, et qu'il se trouva ,ave tant d'autres jeunes français doux et pacifiques comme lui, emporté inopinément dans la plus affreuse tourmente de l'histoire, bien loin, cette fois, de ce foyer familial où il escomptait déjà le prochain retour. Comme eux aussi, à cette heure de suprême renoncement, Marc puisa dans sa foi religieuse, dans son amour même de la famille et dans les atavismes profonds de la race, la force d'accepter simplement le douloureux sacrifice et d'accomplir noblement son devoir.

Inoubliable soirée du 31 juillet 1914 ! Son père est venu lui porter l'adieu de tous ; on ne dispose que de quelques courtes heures, la permission se terminant à minuit ; on les vit dans la fièvre de la ville, sous le coup de nouvelles de plus en plus graves ; bien qu'il n'y ait plus d'espoir, on ne consent pas encore à se l'avouer.

Comme il avait été question pour Marc d'un emploi à la Pyrotechnie, son père le lui rappelle et lui manifeste l'intention de s'en occuper le lendemain ; la réponse éclate aussitôt, péremptoire : — Ah, non, plus maintenant, j'espère.

Et c'est, sous la chaude nuit étoilée, le lent accompagnement jusqu'à la porte de ce grand quartier, impressionnant dans son lourd silence qu'interrompent de soudains hennissements et des heurts de bât-flancs. C'est la dernière étreinte, les mots oppressés qui s'échangent et s'incrustent dans les cœurs avec les douze coups de minuit ; mots de courage, toujours, d'espoir, quand même, où se mêlent le bon Dieu et la maman.... Enfin, c'est la grille qui se referme et une ombre qui bientôt se perd parmi les batteries alignées dans la cour, toutes prêtes déjà pour demain....

*
* *

Le lendemain, Marc commençait sa correspondance de guerre qu'il devait entretenir jusqu'à la fin, ponctuellement, sans jamais oublier personne, des siens ni de ses amis ; du poste d'observation ou du cantonnement de repos, par de brèves cartes ou de longues lettres, pas un seul jour la liaison ne faillit avec la chère maisonnée.

Voici sa première lettre, datée du 1er août 1914 et adressée à sa grande sœur :

« Je viens te remercier pour l'attention que tu as eue
« pour moi ; je t'assure que j'ai été bien touché ; j'es-
« père toujours, malgré tout, pouvoir te le rendre avec
« de gros et bien tendres baisers. Ton louis, ma chère
« sœur, sera la réserve de la réserve et, en plus, une
« sorte de porte-bonheur auquel je tiens maintenant
« beaucoup.

« Ici, l'on croyait que l'on serait réveillé par la géné-
« rale la nuit dernière, mais il n'y a rien eu du tout ;
« en revanche, aujourd'hui ça chauffe ; les réservistes
« des quatre dernières classes commencent à arriver et
« le régiment fait ce que l'on appelle les préparatifs de
« mobilisation. Celle-ci n'a pas été proclamée ; ce sera
« sans doute pour ce soir.

« Je t'assure que je me fais vieux. Encore si j'avais
« pu vous embrasser tous ! Mais il faut être raisonnable.
« Je te prie surtout de sermonner un peu papa et beau-

« coup maman ; avec le bon Dieu et de la patience on
« finira bien par sortir de ce pétrin, qui est, par exem-
« ple, soigné. Les plus éprouvés sont encore tous ces
« réservistes qui ont tout quitté pour venir ici. Enfin,
« peut-être trouvera-t-on le moyen de reprendre l'Al-
« sace et la Lorraine ! Ça, ce serait le bouquet !

« Ma chère sœur, je te demande de rassurer le plus
« possible papa et surtout maman.

« Que papa se calme ; il ne peut rien empêcher…,
« alors ! Pour toi de gros baisers que je voudrais bien
« te donner autrement que par lettre ; partage-les et
« n'oublie personne de la bande… »

A ses parents, Marc écrit le même jour :

« Ça y est ; les affiches de mobilisation sont posées
« sur les murs de Bourges, et avant de partir, je viens
« vous adresser un dernier adieu, bien résigné. Je vous
« demande de m'oublier un peu pour penser à tous mes
« frères qui restent ; je vous demande beaucoup de cal-
« me et aussi la résignation.

« Le capitaine vient de me dire que je marcherai
« pour le grand jour comme faisant fonctions de briga-
« dier. Nous partirons le sixième jour de la mobilisa-
« tion, pour Nancy, paraît-il.

« Je ne puis vous en dire davantage ; vous comprenez
« bien tout le reste, chers parents. Je vous adresse de
« gros baisers bien affectueux et bien tendres. A Jean,
« Yvonne, que je remercie encore, Joseph, Léo, Guy et
« Paulette, de gros baisers aussi. Le fardeau me tombe
« dessus ; ils ne l'auront pas, eux, à peu près certaine-
« ment, tant mieux ! »

Pendant toute la période de la mobilisation et les premières affaires de Lorraine, la poste ne marche pas, ou
très mal ; l'épreuve est dure et la liaison ne se rétablit
que sur la fin du mois d'août.

24 août 1914.

« Chers parents,

« Il y a seulement deux jours que j'ai reçu vos lettres
« des 8, 9 et 12 courant. Ne vous étonnez donc pas, je
« vous prie, si je suis rare, d'autant plus que les mo-
« ments de libre n'abondent pas.

« Pendant la journée du 15, j'ai été de tout cœur avec
« vous, surtout avec notre petite première communiante.
« Cette journée-là a été plutôt rude pour moi. Tout le
« corps était ces jours derniers en Lorraine annexée,
« jusqu'aux faubourgs de Sarrebourg. Les Allemands
« reculaient tous les jours de façon inquiètante et l'on
« faisait 15 à 20 kilomètres en avant ; rien que de petites
« mises en batterie. Mais une fois près de Sarrebourg
« où ils avaient des positions de repli toutes prêtes,
« cela a changé. Contre notre 8me Corps, il y avait pa-
« raît-il, 3, certains disent 5, corps d'armée ; aussi cela
« a-t-il rudement chauffé. Le 37me a marché toujours en
« première ligne ; une batterie et mon groupe ont eu
« beaucoup de veine ; rien que des blessures insigni-
« fiantes et en petit nombre, dues uniquement aux
« 77 allemands qui ne sont que de la drogue. Leurs obu-
« siers, par exemple, sont à craindre, du moins aux
« environs du point de chute. Inutile de vous dire que
« pour mon baptême du feu, je me faisais petit derrière
« mon caisson. Maintenant nous sommes à l'arrière
« pour nous refaire, car l'infanterie a été assez éprou-
« vée. Nous sommes en France, entre Epinal et Badon-
« viller ; nous avons traversé des pays où les Allemands
« étaient passés ; ils y ont fait du joli et du propre, sur-
« tout à Blamont. Le vin et la bière avaient coulé comme
« il faut ; ils ont tué des enfants et des femmes, jeunes
« filles ou mariées et ne se sont pas contentés de tuer....
« Inutile de vous dire que ce n'est pas gai de voir ce

« que l'on voit, les blessés, les morts. C'est un vrai cau-
« chemar ; aussi est-on content d'être maintenant dans
« la paix complète des champs ; nous avions rudement
« besoin d'un repos physique et moral.

« On est sale comme tout. La boue, la poussière, le
« soleil, font de nous de vilains pâtissiers. C'est une
« épreuve bien dure ; depuis Bourges je ne me suis pas
« encore déshabillé pour dormir. mais ma santé est
« satisfaisante, à part la fatigue.

« Toutes mes félicitations à Yvonne et à maman ; la
« Croix-Rouge doit avoir du travail à présent. J'espère
« qu'elles seront au service des blessés et non des ma-
« lades épidémiques.

« Soignez-vous bien, je vous prie ; encore mieux que
« s'il ne se passait rien. Pour tous, chers parents, de
« bons baisers bien affectueux et bien tendres. »

Voilà Marc brigadier. Son Corps est ramené en Argonne, sur la droite de la bataille de la Marne ; ensuite,
c'est le premier hiver de 1915 avec ses dûres épreuves
et des déplacements successifs dans plusieurs secteurs.
Il écrit «... Je crois que peu à peu on nous fera visiter
tout le front... en touristes. »

Après St-Mihiel, les Eparges, Flirey, c'est, en septembre, l'offensive de Champagne qui lui vaut les galons de maréchal des logis. Soldat déjà aguerri, certes,
et même devenu un peu « grognard », néanmoins cette
affaire l'impressionne par les nouveautés barbares qui
se manifestent à lui pour la première fois.

27 septembre 1915.

« Ma chère sœur,

« Je viens répondre à ta bonne lettre qui s'arrête net,
« je ne sais pourquoi ; j'espère que tu n'as pas attrapé
« un éclat d'obus...

« Je suis toujours intact et en bonne santé. On a avan-

Marc DELAS

MARÉCHAL DES LOGIS

DÉCORÉ DE LA CROIX DE GUERRE

Mort pour la France le 18 Août 1918

« cé pas mal ; mais à présent c'est un peu calé et il y
« a quelque chose comme têtes tombées. Quand vous
« reviendrez à Clermont, vous trouverez certainement
« du monde à l'hôpital de Massillon. C'est malheureux,
« je t'assure, de voir une boucherie pareille. Sur les
« chemins il y a des tas de blessés Boches qui nous
« demandent : Trinken, Kafée. Ils sont assez mal reçus,
« car nous préférons, tu t'en doutes, donner à nos bles-
« sés dont pas mal sont sur le carreau depuis plus de
« deux jours... Service de santé épatant, disent les jour-
« naux...

« Nous avons fait connaissance ici avec les fameux
«gaz boches que je croyais tout autres. Quand la pro-
« portion n'est pas trop forte, ils sentent plutôt bon ;
« ils sont même agréables à respirer ; ça sent l'éther ;
« ce doit être des composés chlorés de l'éther qui les
« forment. Çà touche les voies respiratoires et les yeux
« qui piquent et deviennent énormes, les veines des
« tempes idem. Aussi on a arboré les masques, lunettes
« et cagoules ; on dirait une armée de cambrioleurs !...

« Les boches ont dû recevoir des renforts du front
« russe ; un lieutenant d'une batterie de 77 faite prison-
« nière, nous l'a dit, et ils n'économisent pas les mar-
« mites. Si nos usines travaillent, celles d'Outre-Rhin
« n'ont pas l'air de chômer. Çà n'arrête pas de pétara-
« der nuit comme jour ; c'est un véritable enfer et votre
« pèlerinage à Rocamadour avec maman est tout à fait
« a propos....

« C'est gentil de ne pas oublier ses frangins et d'aller
« prier pour eux. »

Dans sa correspondance, Marc parle peu de sa santé,
qui est robuste, sinon pour se plaindre parfois, plaisam-
ment, qu'elle ne lui eût jamais valu un seul jour d'interruption de service pendant ses quatre longues années de campagne.

Il s'étend davantage sur les sites qu'il rencontre au hasard de ses interminables randonnées, parce qu'il est un fervent de la nature et, surtout, parce que les sapinières des Vosges ou les taillis de l'Argonne ont tôt fait de le ramener, par l'imagination, à cette Auvergne et à ce Limousin qu'il aimait tant parcourir, avec ses camarades ou avec ses frères, pendant les heureuses vacances d'antan.

— «...Ton vieux sauvage de frère, écrit-il, vit présentement au milieu des bois ; un vrai théâtre de verdure, avec, comme orchestre, le potin du canon. Inutile de te dire qu'il préférerait entendre l'orchestre de Royat... »

A son père qui lui précisait que d'après la carte il devait se trouver dans le terrain jurassique, il répond :
— « Merci, je suis peut-être dans le jurassique, mais je peux vous assurer qu'il me tarde rudement d'être dans le volcanique de l'Auvergne. »

Dans ces lettres, avec quelle complaisance il revit les doux souvenirs de la dernière permission et escompte les joies prochaines de la suivante ! C'est le réconfort magique contre le perfide et inévitable « cafard. »

Les permissions apportaient à la maison bien du bonheur, en effet, mais payé de quel prix par l'échéance si prompte de la séparation ! Oh ! ces dernières journées ; ces regards à la dérobée sur les choses familières et les êtres chers qu'on ne reverra peut-être jamais ; les banalités que l'on se prodigue péniblement pour arrêter l'afflux des mots qui vous montent aux lèvres ; les minutes fugitives sur le quai, devant le train bleu, jusqu'à l'arrachement brusqué du départ ; et ce cher visage, pâle mais souriant quand même, penché à la portière, et cette main qui s'agite jusqu'au tournant de la voie, là-bas, dans le noir de la nuit et de l'inconnu !...

A mesure que se prolonge la guerre, s'accroissent

pour Marc les sollicitudes familiales. C'est d'abord le deuil de sa bonne tante qui l'apitoie sur son cousin, en colonne dans la boucle du Niger, et qui retrouvera en rentrant en France tant de places vides à son foyer. C'est ensuite son frère Jean qui a rejoint le front avec le 16e régiment d'infanterie et va désormais voisiner avec lui sur tous les champs de bataille, sans parvenir encore à le rencontrer. Enfin, c'est son troisième frère, Joseph, qui s'engage à son tour et suit les péripéties des chasseurs d'Afrique, à Tunis, à Salonique et en Flandre.

Que de transes pour la maison ! Marc les devine et les partage, départs, traversées dangereuses, fièvres, blessures, il prend sa part de tout et malgré la lourdeur de son propre fardeau, il s'attache à rassurer tout le monde et surtout sa pauvre et chère maman.

Cependant son Corps est de toutes les grandes affaires de 1916, à Verdun, comme tous les autres, puis dans la Somme où Marc gagne sa première citation et la Croix de guerre.

« Ordre de l'A. D. 127, N° 154.

« Bon sous-officier, agent de liaison. Du 17 septembre
« au 12 décembre 1916, a rempli ses fonctions d'agent de
« liaison auprès de l'infanterie, dans des circonstances
« parfois très pénibles et toujours avec beaucoup de
« dévouement. »

Passé au 237e régiment d'artillerie en 1917, il est à l'attaque du Chemin-des-Dames, en avril, et il écrit :

« ...A partir du deuxième jour on a marché très vite.
« Les boches se sont mis à se rendre en bloc ; je n'a-
« vais pas encore vu ça depuis le commencement. Le ré-
« sultat a été qu'on leur a barbotté pas mal d'artillerie.
« Ils ont tout laissé et c'était organisé, je vous assure,
« comme secteur confortable. On dit partout qu'ils

« n'on plus rien ; ils ont, en tous cas, rudement plus
« de commodités que nous à tous les points de vue.
« Comme vous le savez, c'est ici le pays des grottes im-
« menses ; elles étaient transformées en vraies petites
« villes, éclairées à l'électricité, bien entendu. Comme il
« y avait des Coopératives bien approvisionnées et que
« depuis deux jours nous en étions aux vivres de réser-
« ve, pain de guerre, singe et flotte, vous pouvez vous
« imaginer ce qui s'est passé dans ces coopératives.
« J'y ai goûté du vin du Rhin pas mauvais du tout et
« surtout pas cher.

« Le plus drôle dans cette attaque, c'est que partout
« les Boches prisonniers se balladaient en liberté. Cer-
« tains, comme à moi, servaient de guides dans les
« grottes où l'on pouvait se perdre très facilement, et
« cela, avec une bougie à la main.

« Ça valait un tableau, ce spectacle-là. Dans un coin
« une compagnie de chez nous entourant les cuisines
« boches où chauffait le café, en arrière une cinquan-
« taine de boches regardant aussi. Beaucoup parlent
« assez bien le français ; ils en ont plein le dos, encore
« plus que nous. »

Et un peu plus tard :

« ...Avant-hier on y a été pour la deuxième fois. Ce
« coup-là, j'avais à suivre la première vague pour la
« liaison. Ça a très bien marché ; les boches ont été
« surpris comme des lapins dans leurs terriers et l'at-
« taque a eu un aspect magnifique, avec tous ces pauvres
« poilus en ligne de compagnie, et, devant, le barrage
« de 75 qui se déplaçait comme eux. Pour ainsi dire,
« pas de pertes. Après, les boches se sont mis à taper,
« mais leurs contre-attaques sont tombées sur de beaux
« becs de gaz. Le pauvre 6ᵐᵉ Corps parait classé dans les
« troupes d'attaque. On a encore récolté une nouvelle
« citation à l'armée ; on finira par en avoir des caisses.

« Tout ça, c'est très beau, mais ma permission appro-
« che... »

A cette permission, Marc fut heureux de pouvoir assister à la première communion solennelle de son frère
Guy, à Massillon, et de revivre les doux souvenirs de
la sienne dans ce même cadre de recueillement et de
prière, entouré de quelques-uns de ses vénérés professeurs et de ses anciens camarades, parmi lesquels, hélas!
son regard attristé put dénombrer des vides douloureux.

A la permission suivante, en août, ce fut la grande
joie de se rencontrer avec ses deux frères, tous deux en
convalescence. La maisonnée, au complet pour la première fois depuis la guerre, débordait de bonheur. La
guerre ne pouvait durer bien longtemps maintenant et
plus la fin du cauchemar semblait proche, plus les ac-
tions de grâces s'élevaient ferventes vers le ciel clé-
ment....

La fin de l'année 1917 et l'hiver de 1918 se passèrent
pour Marc dans les secteurs des Vosges et de la frontière Suisse et c'est de là qu'il prit sur la fin du mois
de mars sa dernière permission. Heureux, certes, de
se retrouver encore une fois au milieu des siens, Marc
gardait, malgré tout, l'obsession des graves événements
qui se précipitaient dans la Somme et trahissait une mélancolie que rien ne parvenait à dissiper ; lassitude,
sans doute, que 44 mois d'épreuves ne justifiaient que
trop, dans ce moment tragique où rien ne permettait
d'en préciser la fin ; déboires intimes, causés par des
froissements et des malentendus dont il souffrait sans
se plaindre ; pressentiments, enfin, insurmontables
et mystérieux !

Il fit pieusement ses Pâques, avec tous les siens, à la
Souterraine de N.-D. du Port, le matin du vendredi

Saint et partit le soir même, en beauté, malgré tout, comme toujours.

Son Corps était alors engagé dans la région de Montdidier devant la ruée allemande. Après cet effort, il y eût quelques mois de repos dans les Vosges, puis le retour dans la fournaise, et vers la fin de juillet, par une coïncidence voulue de Dieu, la Division de Marc venait appuyer celle de son frère Jean, devant le Grand-Rozoy, et tous deux pouvaient se rencontrer sur le champ de bataille.

Cette étreinte émouvante, avec en tiers la pensée de la maisonnée lointaine, fut la dernière joie de Marc sur la terre.

Quelques jours après, dans la nuit du 18 août, près des positions de Nouvron, il était tué net d'un éclat d'obus à la tête... La veille il avait écrit à tous les siens et à la plupart de ses amis.

Ce samedi 17 août 1918.

« Bien chers parents,

« Un petit mot pour vous dire que je vais toujours
« bien, quoique pas mal fatigué par les gaz. Ça recom-
« mence de plus belle dans notre nouveau coin. Enfin
« j'espère que ça se passera bien quand même, mais ne
« m'envoyez rien de ce que je vous ai demandé ; nous
« verrons plus tard. J'espère que les santés de tous sont
« bien bonnes à la maison et que mes mots vous arri-
« vent régulièrement. A tous de bien tendres baisers,
« dont vous prendrez pour vous, chers parents, les
« meilleurs et les plus affectueux de votre fils qui vous
« aime bien. »

*
* *

A l'heure où ces lignes touchaient les chers destinataires, Marc reposait dans le petit cimetière militaire de Hte-Fontaine et le canon de Mangin s'éloignait déjà dans la direction de la Victoire pour laquelle tant de braves venaient de donner généreusement leur sang qui ne devaient pas la voir, du moins d'ici-bas !

Après l'angoissante, l'insoutenable période d'interruption des lettres, de ces lettres toujours si régulières jusqu'ici, coup sur coup arrivèrent les affreuses confirmations et les douloureuses condoléances des camarades et des chefs.

Voici, du capitaine commandant la batterie :

« J'ai le très grand regret d'avoir à vous annoncer le
« décès de votre fils Marc, tombé glorieusement au
« cours des derniers combats.

« Nous avons fait le nécessaire pour que vous puis-
« siez un jour, venir prier sur la tombe de votre cher
« disparu ; vous pouvez être certain qu'on respectera
« l'endroit où il repose.

« En raison des circonstances dans lesquelles votre
« fils a trouvé une fin glorieuse, je l'ai fait citer à l'ordre
« de la 127ᵉ Division, avec le motif suivant :

« — Agent de liaison depuis le début de la campagne,
« s'est toujours fait remarquer par son dévouement, son
« intelligence et sa bravoure.

« Mortellement blessé en guidant la colonne de son
« groupe dans un village violemment bombardé.

« Un extrait de cette citation, avec l'insigne corres-
« pondant, vous seront adressés aussitôt que possible.

« Puisse, Monsieur, cette légère satisfaction, atténuer
« un peu votre grande douleur et croyez à tous mes sen-
« timents de bien sincères condoléances. »

Du Lieutenant-Colonel commandant le groupe :

« Je vous adresse ci-joint un extrait de l'ordre où
« figure la citation du maréchal des logis Delas.

« Votre fils venait d'être en liaison auprès de moi,

« lors qu'il a été frappé par un obus. C'était un vaillant
« soldat que nous avons tous regretté. »

D'un camarade :

« A cet endroit la batterie fut surprise par un tir à
« obus toxiques, et c'est par ce tir que Marc a été atteint.
« Quelques minutes plus tard, j'avais l'horrible sur-
« prise, qui m'a laissé plusieurs jours dans un doulou-
« reux abattement et qui vous frappe si cruellement.

« Une délégation est allée l'accompagner à l'endroit
« où il repose et quelques jours plus tard, une autre
« allait lui porter le symbole de la reconnaissance et du
« souvenir émus de toute la batterie.

« J'aurais tenu à avoir de mon regretté camarade une
« parole, un regard, un adieu quelconque. Le destin ne
« l'a pas voulu. Il est parti sans un mot, nous laissant
« le soin de continuer la tâche que lui-même avait si
« noblement remplie jusque-là. J'ai connu ses déboires,
« mais aussi sa volonté inébranlable qui me l'a fait
« aimer et qui est si rare aujourd'hui ! »

Du Lieutenant de la batterie :

« ....Les honneurs lui furent rendus et la présence
« d'un aumônier permit d'accomplir la cérémonie reli-
« gieusement. J'espère que ce sera pour vous une conso-
« lation dans votre malheur de savoir que votre fils put
« être enterré d'une façon aussi digne que le permet-
« taient les circonstances et qu'il vous sera possible de
« venir pleurer sur sa tombe et même, après la guerre,
« de ramener ses cendres dans sa ville natale.

« Lorsque nous traversons les villes de l'Alsace recon-
« quise, au milieu des acclamations des populations,
« nous oublions toutes les peines et toutes les souffran-
« ces passées ; mais notre joie est mêlée à une profonde
« tristesse lorsque nous songeons à nos chers disparus,
« à eux qui plus que tous autres, furent les artisans de
« cette victoire tant désirée et si pleinement acquise et

« que nous serions si heureux de voir à côté de nous à
« l'honneur comme ils furent à la peine.

D'un autre camarade, enfin :

« Je ne vous ai pas écrit depuis l'endroit où, quatre
« années plus tard, nous commencions cette lutte gi-
« gantesque qui a jeté l'univers dans les larmes.

« Depuis Blanville jusqu'à Lorquin, nous avons suivi
« exactement le même itinéraire qu'en 1914 et revu
« Morhange, Essey-la-Côte, Moyen, Badonviller, Bla-
« mont.

« Là où les plateaux étaient couverts de morts, pousse
« aujourd'hui le pain de demain... Le temps passe.

« Comme ils seraient heureux ces braves disparus de
« se trouver parmi nous en ce moment ! Mais la guerre,
« c'est le sacrifice sans réserve et après elle il est bien
« difficile d'être vraiment gai. C'est devant le sacrifice
« que se forment les vraies camaraderies ; celà ne s'ou-
« blie pas et de longtemps encore seront tristes ceux qui
« auront assez de cœur pour conserver le souvenir des
« martyrs qui ont payé de leur sang la victoire trop fêtée
« aujourd'hui !

« Merci de votre colis de Noël qui m'a bien touché.
« Il m'a semblé, en l'ouvrant, commettre une profana-
« tion.

« Je le connaissais ce petit colis traditionnel ; j'avais
« l'habitude de le voir ouvrir par une main blanche et
« délicate qui savait ensuite se prodiguer à la ronde,
« accompagnée d'un imperceptible sourire.

« Je ne saurais dire si cette résurrection me fut douce
« ou pénible. Cependant au dessert, en perpétuant le
« geste, il m'a semblé que je frustrais quelqu'un....

« En échange, recevez ce vœu que je prie la Provi-
« dence d'exaucer. Du fond de mon cœur, je la prie de
« cicatriser les douloureuses plaies faites au vôtre ; de
« vous maintenir dans l'exercice de la Vérité, sur le

« chemin que nous montre la Foi, et d'étendre ces bien-
« faits à toute votre famille. »

Et maintenant, le brave, le modeste Marc, entouré
de quelques camarades, modestes et braves comme lui,
repose à l'orée d'un petit bois, sur le versant d'un vallon agreste, comme il les aimait, sous la garde du bon
curé de Hte-Fontaine qui vient chaque jour orner sa
tombe des plus belles fleurs de son jardin et bercer son
attente par le pieux murmure de ses prières. Car Marc
attend ; il attend certainement l'ultime permission, celle
que ne troublera plus l'heure douloureuse du départ et
qui réunira la chère maisonnée dans le Ciel, cette fois,
pour toujours.

Chers enfants, vous écriviez le 1er août 1914 : « Peut-
être trouvera-t-on le moyen de reprendre l'Alsace et la
Lorraine ? Ça, ce serait le bouquet !... »

Vous l'avez trouvé le moyen héroïque et vous nous
avez donné le glorieux bouquet qu'il nous reste à arro-
ser de nos larmes reconnaissantes jusqu'à l'heure du
Revoir !

Jean DELAS

24 Juin 1895 - 17 Octobre 1918

Comme son frère Marc, Jean fit toutes ses études à l'Ecole Massillon. D'une taille plus haute encore, le visage ouvert, l'œil éveillé, Jean était plus expansif ; il éprouvait le besoin de se répandre et si l'on pénétrait au fond, on trouvait une âme aussi généreuse et non moins aimante.

S'il n'avait ni le calme, ni l'application méthodique de son frère, il aimait toutefois les études et y réussissait ; la littérature, les beaux vers surtout, l'attiraient. Mais il ne savait pas toujours résister au plaisir de perdre quelques instants et même de distraire aimablement ses camarades ; le silence lui coûtait durant les longues heures de classe et ses bons professeurs qu'il aimait pourtant bien, eurent parfois à en pâtir.

La Conférence de St-Vincent-de-Paul de l'Ecole Massillon le comptait parmi ses membres les plus actifs. Non content d'assister fidèlement aux réunions, de porter aux pauvres les secours matériels, il voulait, ce qui vaut mieux encore, leur faire connaître et aimer les vertus chrétiennes. Un vicaire de N.-D. du Port fut particulièrement édifié en trouvant près du lit d'une vieille femme, le jeune homme qui était venu réclamer pour la malade son ministère et qui avait admirablement préparé la moribonde à la réception des derniers Sacrements. Ceux qui le virent à l'œuvre se demandèrent alors si Dieu n'allait pas l'appêler à lui dans la carrière ecclésiastique. Il était, en effet, capable de renoncer à tout, de s'oublier lui-même, pour se donner aux âmes.

Il connut certainement de graves hésitations à ce sujet, mais, finalement, il orienta son avenir vers la médecine militaire ; de sorte que la déclaration de guerre le trouva préparant la seconde partie de son baccalauréat, et même temps qu'il terminait à titre bénévole une première année de P. C. N.

Cette jeune vocation ne devait pas tenir devant l'enthousiasme des premières heures de la guerre. Son frère aîné et beaucoup de ses camarades plus âgés, étaient partis aux armées ; les transparents lumineux proclamaient les premiers succès : Altkirch ! Mulhouse ! Il lui sembla qu'il arriverait trop tard pour participer à l'épopée qui s'annonçait et il courut s'engager ; mais le recrutement l'ajourna pour insuffisance physique. Dès lors, pour remplir les heures fiévreuses de cet inoubliable été de 1914, il dût s'employer pour le mieux, avec ses parents, comme infirmier volontaire à l'Hôpital temporaire N° 7 et s'y dévouer sans compter, aux soins des blessés.

Quelques mois plus tard sa classe était appelée, et reconnu apte cette fois pour le service armé, il était incorporé au 16ᵉ régiment d'infanterie à Montbrison, le 16 décembre 1914.

Voilà Jean en face du grand devoir ; il s'y adonne avec toute l'ardeur et toute la générosité de son cœur. Il va faire une guerre superbe, de renoncement, d'endurance, de patience. de foi et même de « panache », et nul ne saurait la raconter mieux qu'il ne le fait lui-même dans ses lettres, presque quotidiennes, à ses parents, à ses frères, à sa bonne marraine, à tous ceux enfin qu'il affectionne, lettres, où sa nature expansive se livre librement, où l'on suit chacune de ses vibrations au choc des événements, depuis le départ du petit fantassin bleu-horizon, la fleur au canon du fusil, jusqu'au retour, quatre ans après, de l'officier aux ressorts brisés par un deuil cruel et par l'effort surhumain de la suprême offensive....

Laissons-le donc se raconter lui-même.

Montbrison, le 11 février 1915.

« Chère Marraine,

« J'ai eu Dimanche dernier papa et Yvonne et je
« vous assure que les heures m'ont paru courtes. J'es-
« père avoir maman le 21. Que cette visite me sera
« douce, quand je pense que ce sera peut-être la der-
« nière... du moins de longtemps ! Le Devoir, vous savez,
« vez, surtout quand on est au pied du mur, a de pé-
« nibles exigences et il fait quelquefois verser des lar-
« mes.... Mais ces larmes sont permises puisqu'elles
« ne réussissent pas à m'ammolir, au contraire ; et
« malgré la peine que j'aurai de tout quitter, tout, tout,
« j'ai l'intention de demander à partir volontaire au
« prochain départ. Ne le dites pas à Clermont, c'est
« inutile. On gardera probablement les élèves-capo-
« raux de la classe 15 pour l'instruction de la classe 16
« qui va arriver à la fin de Mars, mais je refuserai d'en
« être et... j'ai une bonne langue ! Je mettrai à jour
« mes affaires spirituelles avec tout le sérieux que
« comporte la gravité de la situation, puis après un
« dernier regard bien tendre vers toutes mes affec-
« tions si chères, en avant et de toute mon âme, en
« avant ! C'est pour Dieu et c'est pour la France que

« nous avons à souffrir et peut-être à mourir et il n'y
« a pas de meilleure mort !.... »

. . . .

Moingt, 6 Mars 1915.

« Bien chers parents,

« Depuis ce matin, je suis inoccupé et j'en profite
« pour vous adresser ce dernier mot d'adieu.

« Notre séparation, un peu brusquée, a été bien pé-
« nible des deux côtés, mais nous l'avons vaillamment
« supportée, et c'est ce qu'il fallait, n'est-ce pas ? Com-
« me vous me l'avez souvent dit, c'est le premier grand
« devoir qui s'impose à moi, mais il est un peu dur...
« Enfin, la séparation est faite ; le coup de ciseaux,
« comme disait hier papa, est donné...

« Je n'ai pas trop à me plaindre et je remercie la
« Providence de m'avoir ménagé un départ dans les
« conditions du mien. J'ai eu bien des consolations ;
« d'abord celle de pouvoir faire avec maman mes Pâ-
« ques, ces belles Pâques de 1915 ! Puis celle de vous
« posséder ici deux jours, chers parents, et de pouvoir
« en vous embrassant, embrasser tous mes frères.

« J'attends donc patiemment l'heure du départ. Je
« ne vous aurai pas ce soir et je crois que cela vaut
« mieux aussi ; c'eût été trop pénible et pour vous et
« pour moi ; nous aurions peut-être versé quelques
« larmes, attendri inutilement mes camarades, un peu
« tristes malgré tout, et cela n'aurait rien valu pour
« personne. Sans compter que l'appareil dont le com-
« mandant entoure notre départ eût été la cause d'é-
« motions tout à fait inutiles pour vous. Au lieu de
« cela, nous partirons en chantant, une fleur — la
« vôtre, chère petite mère — dans le canon du fusil !
« Le sacrifice est fait maintenant et nous ne devons
« plus nous retourner en arrière ; le devoir est cruel,

« mais il est beau et ce ne sera pas sans quelque fierté
« que plus tard je me souviendrai de ces heures diffi-
« ciles.

« Je recommande à maman encore une fois de se
« soigner, de se ménager, de nous oublier un peu. Je
« comprends qu'elle ait de la peine — bien qu'elle ait
« été ici très courageuse, et papa aussi — mais dites-
« vous l'un et l'autre que c'est une gloire et un hon-
« neur pour vous que de donner à la patrie deux fils,
« peut-être bientôt trois. Ce sont des galons et plus
« brillants que des galons d'or.

« A papa je recommande de ne pas se faire trop de
« mauvais sang sur ses fils, et de distraire un peu son
« esprit de la lecture des cartes et des journaux. Il est
« vrai que je connais son cœur ; il vibre tant à tous les
« événements de cette guerre... la revanche !

« Je demande à tous de me tenir au courant des
« choses de la maison ; les lettres si attendues ici, se-
« ront une manne bienfaisante là-bas.

« Joseph a bien le temps de songer à s'engager. Le
« geste est beau, très beau, mais rien ne presse. Quant
« aux réserves des mobilisations futures, à Léo et à
« Guy, il faut, s'ils veulent me faire plaisir, qu'ils
« travaillent et soient bien sages et qu'ils aient pour
« leur papa et leur maman des attentions spontanées
« et affectueuses pour remplacer celles des absents.

« Voilà, chers parents, qu'il faut que je vous quitte.
« En attendant mes prochaines lettres, prenez pa-
« tience ; ne soyez pas inquiets ; songez que je suis
« prêt physiquement et moralemnt : double santé par-
« faite ; que j'ai bon courage, bon espoir et que je suis
« très fier de remplir mon beau et grand devoir....

« Allons, enfants de la Patrie.....

« A tous, j'envoie de bien tendres baisers.

« Votre second soldat. »

Montbrison, 5 avril 1915.

« Ma chère Marraine,

« Cette fois, c'est le départ. Je suis tout prêt. J'ai
« eu la grande joie de posséder maman pour le jour
« de Pâques ; nous avons sanctifié ensemble le grand
« et beau jour ; et le soir même j'avais papa qui venait
« m'embarquer. J'aurai donc eu la consolation que
« Marc n'a pas connue, celle d'emporter dans ce grand
« départ le baiser d'adieu de ma mère et de mon père.

« Dans ce grave moment je ne me fais aucune illu-
« sion et je ne regrette rien ; je suis heureux de faire
« mon devoir, voilà tout. Pensez un peu, ma chère
« marraine, à votre petit filleul, bien jeune encore,
« mais qui fera tout son possible. Depuis longtemps
« il a fait à Dieu le sacrifice de sa vie si elle peut être
« utile à une grande et belle cause. »

Ecrit au dos d'une carte-postale représentant
le drapeau du 16ᵉ régiment d'infanterie :

Ce 28 juin 15.

« Mon petit Léo,

« Tu vois que nous avons un joli drapeau ! En réa-
« lité il est plus beau que sur la carte-postale, car il
« a été plusieurs fois blessé et un de ses coins a un
« peu brûlé. C'était au mois de septembre, près de Ri-
« bécourt ; le colonel commençait déjà, se voyant per-
« du, à le consumer. Heureusement il a été sauvé.
« Comme drapeau, nous avons une magnifique relique.
« Je l'ai vue l'autre jour à une remise de décorations.
« C'est peu de chose, n'est-ce pas, un morceau de chif-
« fon, mais dans ses plis il y a toutes nos destinées et
« nos vies à tous. Il avait **déjà** de beaux états de ser-
« vice ; après la guerre, il en aura bien d'autres....

« Quel beau jour que celui où ces glorieux étendards

Jean DELAS

SOUS-LIEUTENANT

DÉCORÉ DE LA CROIX DE GUERRE

Mort pour la France le 17 Octobre 1918

« défileront sous l'arc de triomphe, après la grande
« revanche ! Je ne crois pas qu'alors il y en ait beau
« coup qui les regardent sans se découvrir.... »

Jeudi 15 juillet 1915.

« Chère petite mère,

« C'est avec un peu de tristesse, je vous l'avoue, que
« je me vois si loin de vous aujourd'hui et obligé de
« confier à ce papier mes vœux de fête. Que j'aurais
« été heureux de pouvoir le faire de vive voix ; je n'au-
« rais pas eu besoin de grands discours et mes baisers
« vous auraient dit toute ma grande affection et la sin-
« cérité de mes vœux.

« Voilà déjà bien des fêtes de famille que nous pas-
« sons dans la tristesse, Marc et moi. Mais celle-ci, la
« vôtre, chère petite mère, sera la plus pénible pour
« nous, pour moi, devrais-je dire, car Marc aura proba-
« blement le bonheur de vous dire de vive-voix ce que
« je suis réduit à vous écrire. Ce sera pour vous une
« grande joie et le plus agréable cadeau de fête qui
« vous puisse être fait en ce jour, d'avoir votre grand
« fils en permission après une longue année, un siècle !
« de séparation.

« Nous avons de grands remerciements à faire à la
« Providence qui nous a si bien gardé notre cher Marc
« et qui permettra ce retour à Clermont, courte étape
« dans cette campagne déjà longue pour lui. Que son
« esprit se détende un peu et qu'il puise dans cette pe-
« tite retraite, dans le cher nid, beaucoup de forces
« dont il aura besoin, car ce n'est pas encore fini et il
« faudra encore bien des efforts, des fatigues et des
« privations avant le retour définitif, c'est-à-dire, avant
« la victoire, la grande, la vraie.

« Qu'aucune pensée triste ne vienne troubler la table
« de famille. Il n'y manquera que moi et encore ne

« serai-je qu'à demi-absent, car ma pensée et mon
« cœur flotteront autour de vous, heureux de votre
« bonheur.

« Donc, je vous souhaite une bonne fête. Nos prières
« se retrouveront là-haut le 26 ; Ste Anne, votre puis-
« sante protectrice, vous donnera beaucoup de santé
« et de courage....

« Je vous embrasse en ce jour plus tendrement que
« d'habitude.

« P.-S. — Hier, fête nationale ; un peu différente des
« précédentes. Les Allemands, toujours très délicats,
« nous l'ont souhaitée par une distribution un peu
« plus copieuse de marmites et d'un calibre plus gros !
« Puis le général nous a octroyé une tranche de jam-
« bon et un cigare... Au son du canon, on nous a parlé
« de la guerre et fait prévoir un second hivernage, cette
« fois dans les plaines du Nord. Puis cette nuit le feu
« d'artifice coutumier a eu lieu ; il pleuvait ; une nuit
« à fendre au couteau, percée à chaque instant de fu-
« sées lumineuses, tandis que les projecteurs de Roye
« et de Conchy veillaient attentivement , c'était presque
« aussi beau que sur la place des Salins ! Je parie que,
« sans revue ni feu d'arifice, vous vous êtes ennuyés
« plus que nous dans notre boyau ! »

31 octobre 1915.

« Ma chère Marraine,

« Quel triste temps ! Un vrai temps de Toussaint
« avec, flottant dans l'air, toute la mélancolie qu'il
« comporte. Les esprits et les cœurs ne sont pas ici au-
« jourd'hui ; ils sont disséminés dans les petits cime-
« tières des villages du Centre où est resté si fidèle le
« culte des morts. Pour nos poilus, la seule définition
« de la Patrie qu'ils acceptent est contenue dans ce
« vers.

« *C'est la cendre des Morts qui créa la Patrie...*

« Aussi aujourd'hui il y a de la tristesse dans les yeux
« de tous... et les miens n'en sont pas exempts. Tous ces
« petits cimetières du front sont si tristes, avec leur
« terre fraîchement remuée et leurs inscriptions uni-
« formes ! Que ces pauvres garçons doivent grelotter, si
« loin des leurs, de l'affection maternelle et du clocher !
« Oui, ma chère marraine, voilà la pluie incessante,
« glacée, avec le vent du Nord qui pénètre jusqu'au
« fond du cœur. La vie de tranchée ne va pas être
« drôle ! Ecrivez-moi aussi souvent que vous le pour-
« rez ; j'aurai tant besoin de vous sentir avec moi.

« Au dos d'une carte-postale représentant
« En Alsace » de Georges Scott :

20 décembre 1915.

« Mon cher petit père,

« A vous aussi j'envoie mes vœux de Noël ! Ma pen-
« sée ne vous quittera pas ce jour-là ; je vivrai de
« votre vie.
« Cette image symbolise le rêve de toute une généra-
« tion, la vôtre, celle de Déroulède ; malheureusement
« il n'est pas encore réalisé, mais nous y arriverons.
« La tâche est difficile, mais non au-dessus des forces
« de la première infanterie du monde....

« Votre bien affectionné. »

20 décembre 1915.

« Ma chère petite mère,

« Vous recevrez peut-être ce mot le jour de Noël.
« Vous devinez combien j'aurais voulu passer avec
« vous, dans la tendresse et la chaleur du foyer fami-
« lial, cette belle et grande fête. Mais, il y a un grand
« Mais...
« Ici, cette journée et cette nuit ne seront pas bien

« gaies. Comme les autres nuits, nous veillerons au
« clair de lune, nous irons en patrouilles ; nous aurons
« froid au cœur et au corps. La vie a de dures passes
« et le devoir est souvent cruel. Il est grand et noble
« aussi et c'est pourquoi nous accepterons encore cette
« épreuve sans rien dire.

« Marc aura peut-être le bonheur de passer ces fêtes
« avec vous. Je vous le souhaite à tous de tout mon
« cœur. En tous cas, plus que jamais notre trait d'u-
« nion commun, la petite étoile consolatrice, sera ce
« soir-là éloquente ; nous la regarderons ensemble,
« ce qui nous réunira dans nos ferventes prières cette
« nuit-là.

« Je dépose dans chacune des petites et grandes pan-
« toufles qui seront mises devant la cheminée, mille
« gros et bien tendres baisers. »

Des tranchées, 25 décembre 1915.

« Mes bien chers parents,

« Je vais vous raconter à mon tour ma nuit de Noël.
« Le petit Jésus ne m'a pas oublié et j'ai trouvé quel-
« que chose aussi dans mes gros souliers pleins de
« boue, et ce sont deux beaux galons rouges. Mon ser-
« gent est venu me l'apprendre et m'en féliciter à 23
« heures, alors que je montais la garde au créneau.
« Cela m'a valu d'ailleurs de conduire de minuit à
« deux heures ma première patrouille.

« J'avais pour mission d'aller aussi près que possible
« des lignes ennemies, reconnaître si l'on ne s'y livrait
« pas à des travaux d'approche ou préparatifs quel-
« conques. Mais tout était calme ; nous avions un clair
« de lune rayonnant mais que nous n'aimons pas
« beaucoup ; et l'on entendait chanter des Noëls alle-
« mands... Tout s'est bien passé et je serai heureux de
« pouvoir dire plus tard qu'ayant été nommé caporal

« dans la nuit de Noël, j'ai passé les grandes heures
« entre les lignes, l'œil aux aguets, rampant à plat
« ventre. »

28 février 1916.

« Bien chers parents,

« J'ai quitté hier notre cantonnement où l'on pensait
« si bien à Bossuet et à sa plus belle oraison funèbre,
« et nous voilà juste en face de Verdun, sur la route
« qui conduit à Metz...

« Nous sommes dans un village de 8 à 10 maisons,
« où l'on a empilé un bataillon du 16° et deux groupes
« d'artillerie. Justement, j'ai trouvé Favrot, vous pen-
« sez avec quel plaisir ! Nous avons erré ensemble
« hier soir dans la boue jusqu'à ce que nous soyons
« las ; alors nous sommes allés nous asseoir entre deux
« chevaux sur des sacs d'avoine et le soir il m'a invité
« à dîner avec ses camarades. Comme salle à manger,
« une écurie ; comme table, un tonneau ; je ne vous
« parle pas, et pour cause, des chaises ! Comme on
« n'était pas ravitaillé, le singe a marché.

« Nous couchons dans le foin depuis deux jours,
« mêlés aux officiers ; on se réveille dans les bras du
« capitaine... C'est très drôle !

« Je crois que les affaires s'arrangent ; cette convul-
« sion formidable des boches, peut-être la dernière,
« aura avorté comme les précédentes et elle leur aura
« coûté cher. A nous aussi, malheureusement. Quand
« on pense que les fantassins qui ont reçu le choc,
« n'ont pas quitté de trois jours leurs tampons à gaz !
« C'est inhumain. On nous a annoncé hier la mort du
« brave colonel Driant.

« Quels spectacles ici ! Verdun brûle depuis huit
« jours : les routes sont encombrées d'évacués, de
« pauvres femmes blanches de boue, en costume de

« Dimanche... Hier soir, il y en avait une, jeune, bien
« habillée, qui poussait dans les ornières une voiture
« d'enfant avec un bébé dedans qui ouvrait de grands
« yeux sans parvenir à comprendre — « Eh bien, ma-
« dame, comment ça va là-bas. Alors avec un regard
« farouche que je n'oublierai pas : — « Ils brûlent la
« ville, ils brisent tout, mais ils ne passeront pas... »
« Des gens qui ont tout perdu ; c'était émouvant !

« Je crois que la guerre recommence ; tout va bien ;
« santé et moral parfaits. Bonnes nouvelles de Marc.
« Je suis tout à mon affaire que je n'ai jamais trouvée
« si interessante. »

11 mars 1916.

« Bien chers parents,

« En hâte, par un évacué de la Compagnie, je vous
« envoie ce mot. Nous sommes entre le bois des Cor-
« beaux et le Mort-Homme. Notre pauvre Corps d'ar-
« mée a bien souffert ; lui qu'on appelait : « l'embus-
« qué du front » il a été cette fois débusqué. Enfin on
« tient, mais hélas ! à quel prix ce sera si le Kaiser ne
« peut pas dîner, comme il l'avait promis, à Verdun,
« le 15 mars.

« Le plus fort est fait et puisqu'il n'est rien arrivé,
« tout va bien et vous n'avez aucune inquiétude à
« avoir. Nous nous raconterons tout cela après....
« Après ! Pas de pessimisme ; il faut avoir l'œil bien
« sec pour tenir son coin et faire son brin de devoir
« sans broncher. L'événement nous a trouvés tous
« prêts ; Dieu fera le reste ; j'ai mis toute ma confiance
« en lui et cela me donne un grand calme.

« Adieu, mes chers parents, vous savez que vous
« avez toute ma tendresse.

Ce 19 mars 1916.

« Cher petit père et chère petite mère,

« Enfin, nous voilà rendus à la vie presque civili-
« sée. Après l'infernale semaine. Ah ! je m'en souvien
« drai longtemps ! J'éprouve une nausée rien qu'à ce
« souvenir. On nous avait réservé un baptême du feu
« vraiment terrible, dont la plus fertile imagination
« ne peu se faire une idée !

« Oh ! ce bois des Corbeaux et ce Mort-Homme, les
« sinistres endroits ! Et quels spectacles ! Ces trois
« jours passés accroupis dans la terre, sans boire ni
« manger, ni... faire le contraire ; les blessés hurlants,
« depuis l'attaque, entre les boches et nous, puis, à la
« fin, hélas ! cessant de hurler ; et des obus sans une
« seconde de répit, des 105, des 210, des 380 qui cassent
« les nerfs et vous empestent ; et les heures atroces pas-
« sées le masque et les lunettes au visage, les yeux qui
« pleurent et le sang qu'on crache ! Puis les camarades,
« les officiers qui partent pour toujours ; funèbres nou
« velles qu'on se transmet d'homme à homme dans le
« boyau ! Quels souvenirs ! Et les commandements bo-
« ches faits à haute voix, à 50 mètres devant nous,
« tous debout, sinistres silhouettes dans la nuit ; puis
« le travail à la pelle-pioche sous les balles et le ta-ta-
« ta épouvantable des mitrailleuses ; puis les 3 jours
« passés là-dedans ; nous étions tous sur le point de
« devenir fous...

« J'ai attrapé pendant l'attaque une balle de schra
« nell dans le molet droit ; j'ai continué l'attaque mal-
« gré ça et, après, j'ai été me la faire enlever au poste de
« secours. Elle est dans ma poche, maintenant, ce qui
« vaut mieux que dans le mollet ! Ma jambière en cuir
« est bien arrangée ; je la garderai comme souvenir ;
« sans elle la balle aurait traversé. Enfin, la Ste Vierge

« m'a protégé miraculeusement ; j'ai eu une veine in-
« sensée ; Bordier, lui aussi, n'a rien eu.

« Enfin est venue la relève. Ah ! par exemple, quel
« beau moment ! Jamais nous ne croyions en sortir et
« pourtant nous n'y sommes plus.

« Une impression dont je me souviendrai, c'est
« quand on a été à 12 kilomètres des lignes, en passant
« dans un village où il restait un clocher ; on a en-
« tendu sonner l'horloge ; quelle joie ! Il était 23 heu-
« res ; on aurait voulu l'entendre sonner toujours.
« C'était si doux ! c'était le retour à la vie au sortir
« de l'enfer ; On a trouvé un peu de foin et un toit ;
« nous étions heureux et ce que nous avons bien dormi!

« J'aurais voulu que vous la vissiez cette relève ; des
« hommes de boue, pâles, jettant derrière eux de longs
« regards, parfois voilés de larmes pour ceux qu'on
« laissait, officiers et soldats, et que l'on rencontrait
« à chaque pas, tels que le sort les avait pris. Vous sa-
« vez, je ne m'étais jamais imaginé que je verrais ça
« de ma vie ! Et ce que cela resserre les liens de cama-
« raderie, on se parle maintenant presque avec affection.
« Pauvres poilus ! il ne m'en reste que 4 sur 10. Que
« j'ai eu de la peine ! Nos officiers ont été très bien ;
« ils ont payé, les pauvres ! A la Compagnie nous n'en
« avons plus et à la 3ᵐᵉ, sur 3 il ne reste que Bordier.

« Jusqu'à ce brave « caporal », le chien de la Compa-
« gnie, qui est tombé en pleine attaque, en brave chien.
« Dites-le à cet embusqué de Fox à qui j'envoie tout
« de même, une bonne caresse...

« Je vous annonce avec fierté que la 25ᵐᵉ Division
« est citée à l'ordre de l'Armée. Elle ne l'a pas volé.
« Quant à votre serviteur, il est proposé pour une cita-
« tion et la croix de guerre. Vous en serez heureux,
« comme moi, mes bien chers parents. Une citation à
« Verdun et le galon de sergent à la première vacance,

« ça me dit quelque chose. Le prix, hélas, en est bien
« cher.

« Je vous envoie à tous de gros bons baisers, mes
« bien chers parents, dont la pensée ne m'a pas quitté
« pendant cette sinistre période. »

Première citation

Ordre du 16mo Régiment,, n° 26, du 25 mars 1916.

« Blessé au mollet par une balle, au Mort-Homme,
au cours d'une attaque de nuit, s'est fait soigner au
poste de secours et malgré la faculté qui lui était lais-
sée par le médecin d'être évacué, a rejoint son unité
en première ligne, faisant ainsi preuve de la plus
grande abnégation et de dévouement. »

St-Cyr, le 22 mai 1916.

« Chère marraine,

« St-Cyr-village, je n'ose pas dire « ville », est proche
« de Versailles-Parc et du Grand-Trianon où flottent
« encore tant de grâcieux et sinistres souvenirs ; ceux
« de Marie-Antoinette, jouant à la bergère, et ceux,
« aussi, des sanglantes révolutions.

« Quand on aborde l'Ecole, on voit d'abord d'énor-
« mes bâtiments que domine le dôme de la chapelle,
« devenu le « Musée du Souvenir », et par dessus tout
« un drapeau tricolore éclatant. Dès qu'on entre on est
« frappé par l'air de majesté de ces immenses corri-
« dors, de ces cours aux noms et aux inscriptions émou-
« vants. Nous logeons, au nombre de 80, dans une
« vaste chambre dite de « Puebla ». L'Ecole mange
« dans le même réfectoire ; on est là 800 hommes et
« on entend cependant à peine parler.

« Comme officiers instructeurs, rien que des anciens
« de l'Ecole et mutilés. Ils ont sur eux un chic, une
« grâce qu'augmentent encore ces bras disparus, ces

« yeux devenus aveugles et ces belles croix sur les poi-
« trines ; au demeurant, charmants et très instruits,
« réalisant le type idéal du « chef ». Par exemple, il y
« a une discipline de fer. Mais c'est bon d'apprendre
« à obéir pour savoir commander — Telle était la force
« et la raison de la gloire militaire d'Annibal — Il me
« semble avoir lu cela jadis, sous la signature de Tite-
« Live, si ce n'est d'un autre Romain...

« Ce qui est le plus intéressant, ce sont les « théo-
« ries morales » sur les devoirs du chef et ses droits
« aussi, droits absolus. On cherche par tous les moyens,
« attitudes, correction, tenue, confiance, à développer
« en nous le sentiment du devoir et aussi celui d'une
« grande fierté, car c'est quelque chose d'avoir à con-
« duire des hommes sous les balles et la mitraille. Ce
« sont-là des choses nouvelles pour nous et vous pen-
« sez si nos oreilles sont largement ouvertes. On se sent
« meilleur et prêt à bien des choses, à des folies même!»

3 juin 1916.

« J'ai assisté jeudi, à Paris, après ma messe à la Ma-
« deleine, aux funérailles émouvantes d'un grand
« soldat,.. J'ai été remué ; j'ai vu des vieux de l'autre
« guerre, pleurer en mâchonnant d'un air terrible,
« comme un serment, des « Vive la France ».... Et puis
« le cadre était si beau ; le cadre des grandes choses,
« les Invalides ! En est-il de plus magnifique au monde!»

. . . .

Ecrit au dos du Credo de H. Lavedan :

St-Cyr, le 24 juin 1916.

« — Que St Jean nous réunisse tous bientôt, et gran-
« dis par l'épreuve et le devoir accompli....

« Je crois au prix de la douleur et au mérite des es-
« poirs.... »

JEAN.

St-Cyr, le 20 juillet 1916.

« Chère Marraine.

« Vous savez que nous devions participer au défilé
« du 14 juillet. Nous l'avons fait et très brillamment.
« Quelle belle et émouvante réception Paris a faite à
« ses soldats !

« Pour la revue nous étions massés sur le pont
« Alexandre, les premiers des troupes françaises. Nous
« avons été ensuite nous masser quai d'Orsay et sommes
« partis de là pour le défilé. Nous avons passé devant
« les tribunes des Palais dans une tenue et un aligne-
« ment si impeccables, la tête si haute et si fière, tout
« le premier bataillon de France, que ça été du délire,
« les tribunes ont croulé de bravos, Poincaré a daigné
« applaudir et Place de la Concorde et rue Royale sur-
« tout, c'était fou, nous marchions littéralement sur les
« fleurs.... Et quelle foule, quels cris ! Nous étions tous
« un peu émus et celà nous faisait penser à l'autre dé-
« filé... celui de la Victoire !

« Que c'était beau ! Que Paris a du cœur et de la
« délicatesse ! Quelles belles réflexions nous avons en-
« tendues ! Les Anglais, les Russes, etc... étaient certes
« très fêtés, mais quand on nous a vus déboucher du
« Pont Alexandre, avec nos casques et nos tenues bleu-
« horizon, ça été du délire — « Les nôtres, voilà les
« nôtres ! » Nous en aurions pleuré d'émotion. Et la
« foule brisait les cordons de police comme pour nous
« embrasser tous.

« Après la revue on nous a embarqués en camions et
« nous sommes rentrés à St-Cyr, fêtés sur tout le par-
« cours, couverts de fleurs et bigrement émus. Paris
« nous a royalement payé nos deux années de guerre....
« A cinq heures nous étions changés, astiqués et prêts
« à partir en permission de 48 heures. Ça, c'était aussi
« pas mal intéressant !... »

15 mars 1917.

« Chère marraine,

« Je vis depuis 48 heures des heures solennelles et
« demain on sort de ces infâmes tranchées — égouts
« pour avancer. Ça ira, je pense. Tout a l'air bien pré-
« paré. Nous avons confiance et bon espoir.

« Tout à l'heure l'abbé du bataillon a dit la messe
« devant un nombreux auditoire, combien fervent et
« héroïquement résigné. Ces spectacles-là sont inoublia-
« bles.

« Ça commence à sentir la poudre... la vraie guerre,
« celle qu'on se fait dehors, en se voyant. L'artillerie
« innombrable tire sans arrêt....

« Je suis heureux ; je pense à vous ; je vous demande
« quelques prières chaque jour.... »

18 mars 1917.

« Mes chers parents,

« Je suis pleinement heureux et je commence à com-
« prendre ce que c'est que la Victoire !

« Depuis deux jours nous avons avancé de 8 à 10 ki-
« lomètres ; c'est la rase campagne. Hélas ! l'horizon
« est illuminé d'incendies et on entend partout des ex-
« plosions ; les monstres brûlent et détruisent tout !

« Nous débordons de joie ; c'est superbe ; je n'aurais
« jamais espéré voir cela et je le vois, et nous n'avons
« presque pas de pertes. Pourvu qu'on aille prudem-
« ment : Mulhouse, Sarrebourg, sont là... Le bon abbé
« Lestrade me le disait dans la parallèle de départ, au
« moment où l'on buvait la niole avant de sortir.

« Tout à l'heure une patrouille du 3ᵉ chasseurs ga-
« lopait devant nous en fourrageurs... Ils sont heureux
« et nous aussi. Hélas ! un journal nous est tombé sous
« la main... Oh ! ces Russes, et ces politiciens !... Ils

« gâtent tout. C'est si beau d'avoir vingt ans, de com-
« mander des hommes et de voir les boches f... le
« camp...

« Je suis heureux, mes chers parents, et vous em-
« brasse tendrement. »

Mercredi 18 avril 1917.

« Bien chère maman,

« Vous êtes restée bien longtemps sans nouvelles de
« moi et deviez être bien inquiète. Rassurez-vous main-
« tenant, et, comme moi, bénissez le Ciel de sa protec-
« tion, car vous le verrez plus tard, j'ai eu de la chance
« de m'en tirer à si bon compte, avec les 3 éclats d'obus
« dans les membres qu'on m'a sorti il y a deux jours
« et que j'ai là sur ma tablette. Je n'ai pas du tout de
« fièvre ; un appétit superbe ; seul le bras est un peu...
« raide. Je suis toujours à Noyon ; le Docteur a voulu
« attendre, mais je pars à deux heures pour j'ignore
« quelle direction.

« Mille baisers de votre Jeannot. »

DEUXIÈME CITATION

Ordre de la 25ᵐᵉ Division n° 440 du 27 avril 1917.

« Le 13 avril 1917, devant St-Quentin, à la tête de sa
section, s'est porté en avant sous un tir de barrage des
plus violents et des feux de mitrailleuses des plus nourris, entraînant ses hommes dans un ordre parfait. A
été blessé. Gradé courageux et hardi, ayant fait preuve
de bravoure dans toutes les circonstances. »

Ecrit au dos d'une carte-postale représentant les
ruines du fort de Vaux.

4 janvier 1918.

« Chère marraine,

« Je suis heureux de pouvoir vous envoyer cette vue
« de la citadelle immortelle dans laquelle s'est consom-

« mé le plus heau sacrifice et la plus belle résistance
« de l'histoire et dont le héros est le commandant Ray-
« nal, qui n'a livré le fort que sur l'ordre formel du
« général en chef et qui n'a livré d'ailleurs qu'une fai-
« ble garnison composée de blessés et de morts. Quelle
« est pâle la « Chanson de Roland » à côté de la « chan-
« son de Vaux-Douaumont. » Ce passage en cette terre
« héroïque a élevé mon moral... »

25 mars 1918.

       « Bien chers parents,

    « Le premier salut de mon épée d'officier est pour
« vous. Je suis sous-lieutenant depuis quelques heures.
« Réjouissez-vous donc avec moi ! J'ai enfin sur ma
« manche ce petit galon que j'ai mérité, je peux bien le
« dire, ne serait-ce que par ma patience et ma volonté.
« Ce n'est pas beaucoup, mais ce qu'il me coûte me le
« rend cher.

    « Après-midi un coup de téléphone de la Division
« m'annonçait ma nomination et me passait les compli-
« ments du général. En même temps, j'apprenais mon
« affectation comme officier-adjoint au chef du 2ᵐᵉ ba-
« taillon où il n'y a pas de capitaine-adjoint-major. Il
« y aura du travail, mais j'aurai beaucoup de bonne
« volonté. Je trouve là, la récompense de ce que j'ai pu
« faire jusqu'à présent et je suis heureux. Je n'ai pas
« voulu me coucher avant de vous avoir annoncé cette
« bonne nouvelle.

    « Il ne faut pourtant pas que j'en oublie la question
« par laquele j'aurais dû commencer, celle du désastre
« anglais, momentané, soyez-en sûrs. C'est tout de
« même pour nous une cruelle déception après ces
« 4 années de guerre. Mais ce qui est beau et réconfor-
« tant, c'est la confiance qui règne ici sur demain. Par-
« tagez-la. Pas d'affolement ; il faut que l'arrière gagne

« lui aussi cette suprême bataille. Il faut moins regar-
« der le canon qui tire sur Paris et un peu plus vers
« Noyon.

« Ma nomination va renouveler la peine de ce pauvre
« M. Dupin ; je ne sais comment la lui annoncer. Il
« doit bien souffrir d'abandonner la tombe de son fils
« aux boches !

« Mille tendresses de votre grand fils. »

16 août 1918.

« Mes bien chers parents,

« Je vous écrit un court mot pour vous dônner signe
« de vie. Çà va à peu près ; mais avec la gorge et les
« yeux bien pris, comme tous, d'ailleurs. Nous sommes
« toujours en ligne ; ça devient plus que long... Enfin !

« De mes 4 sections j'en ai d'abord formé deux, puis
« maintenant il me reste en tout une vingtaine de poi-
« lus, tous plus au moins hypothéqués par ces sales
« gaz. Notre vieux colonel a été pris lui aussi et évacué;
« nous sommes squelettiques ! Je finirai par prendre
« le commandement du bataillon...

« Excusez le gribouillage. Je vais bien quand même,
« mais je suis vilain, figure enflée, boursouflée, yeux
« rouges comme la rose et pleurant à la fois, et une
« barbe de je ne sais plus combien de temps. Ce n'est
« pas la tenue pour me présenter devant le comman-
« dant du dépôt ! !...

« Mille bons baisers. »

22 août 1918.

« Chère marraine,

« Depuis un mois nous avons fait de grandes choses,
« mais combien dûres aussi. Je reste le seul officier de
« mon bataillon ! Et au régiment, nous restons peut-être
« 300 ! C'est formidable et avec celà nous continuons
« à recevoir intensivement des gaz qui nous éreintent.
« Les effectifs fondent abondamment chaque jour, et

« nous, nous ne restons que parce que nous sommes
« officiers. Pous ma part, j'ai perdu, momentanément
« j'espère, toute voix ; les yeux sont rouges et pleurent
« et la poitrine me brûle, aucun appétit ; j'ai considé-
« rablement maigri... Enfin, c'est pour la France ! Mais
« on paye cher sa gloire et l'on nous use jusqu'à la
« corde.

« Je vous annonce avec plaisir que nous avons la
« fourragère et que j'ai obtenu une nouvelle citation à
« la Division que le général m'a envoyée ce soir. Il ne
« nous manque plus pour être heureux que la relève
« et un repos loin de cette sale Vesle... »

23 août 1918.

« Bien chers parents,

« Je suis sans nouvelles de vous depuis quelques
« jours. Rassurez-moi un peu, sur maman qui ne doit
« pas vivre par ces temps d'offensives et se fait évidem-
« ment un mauvais sang du diable ! Il est vrai qu'il y
« a de quoi.

« A considérer les choses du point de vue général,
« en faisant abstraction de soi-même, ce qui se fait ac-
« tuellement est superbe et justifie les plus beaux es-
« poirs. Mais pourquoi donc faut-il que ce soit nous
« qui payions de nos dernières ressources — C'est, hé-
« las, le cas — ces glorieux communiqués. Pour le mo-
« ment on ne peut nous relever, évidemment ; ce serait
« par qui ? L'armée française est engagée à fond, jus-
« qu'à la gauche, et par ici les arrières sont sillonnés
« d'interminables vagues montantes....

« Dois-je vous parler de moi et de mon pauvre régi-
« ment et de ses 300 poilus ? On nous a collé la fourra-
« gère, quelques citations, un ou deux laïus et puis
« c'est fini, on ne s'occupe plus de nous pour la relève.

« Je voulais vous envoyer le texte officiel de ma cita-
« tion, mais à l'E. M. ils n'ont pas le temps pour le

« moment et ça ne se comprend. Je recopie donc le
« motif et vous l'envoi, mon cher papa, à titre tout à
« fait documentaire. »

TROISIÈME CITATION
Ordre de la 25me Division, 12 août 1918.

« Malgré les violents bombardements et les harcèle-
ments de l'ennemi, a assuré pendant la période des
opérations offensives du 25 juillet au 10 août 1918, la
liaison entre le P. O. C. de la D. I. et son régiment, faisant preuve au cours de cette mission d'autant d'intelligence que de zèle et de dévouement. »

7 septembre 1918, 1 h. du matin.

« Bien chers parents,

« Rien encore de Marc, ni de la 29ᵉ batterie ! Je n'ai
« encore rien reçu. Il est vrai que depuis 48 heures nous
« sommes sans courrier. Sans nouvelle non plus de la
« maison et connaissant vos angoisses, je suis très .
« inquiet. C'est affreux dans un pareil moment, je vous
« assure.

« Nous avons encore avancé et nous bordons mainte-
« nant devant Vailly. Ça n'a pas été trop dur, mais
« nous sommes toujours sur la brèche et littéralement
« épuisés. Ça nous fait plus de quarante jours de ba-
« taille ; c'est un record !

« Et avec ça tout mon esprit est tourné vers la chère
« maison, comme vous vous en doutez.....

« Enfin, c'est avec ces heures d'angoisse qu'on fait
« la Victoire ! Je vous embrasse tous, et vous et maman
d'abord, de tout mon cœur bien affectionné. »

« Hôp. n° 2, Chamalières, 15 septembre 1918.

« Ma chère Marraine,

« Je n'ai pas besoin de vous dire avec quelle douleur
« j'ai appris la mort de notre pauvre Marco, qui, en
« plus du meilleur et du plus affectueux des frères,

14

« était pour moi un frère d'armes. Ce malheur me laisse
« attéré parce que je reconnais, dans toutes les circons-
« tances qui l'ont précédé, une volonté qui nous dé-
« passe.

« Depuis quatre ans, nous nous suivions de secteur
« en secteur sans nous pouvoir rencontrer, et juste
« huit jours avant sa mort, voici que Dieu nous réunit
« en une suprême effusion sur le champ de bataille
« même. Ce dernier baiser fut déchirant ; je crois qu'il
« avait des pressentiments, et il m'a semblé remarquer
« avec terreur qu'il avait perdu confiance en son étoile
« sur laquelle nous nous étions tous habitués à compter
« depuis quatre ans. Je peux dire que cette rencontre
« miraculeuse a été sa dernière joie, car il en été réel-
« lement heureux dans un tel moment.

« Ce dernier baiser de Marc que Dieu a voulu que
« je reçoive avec ses dernières paroles, est pour moi une
« charge glorieuse dont je sens tout le prix et tout le
« poids.

« Dans notre malheur, nous avons la consolation de
« savoir que notre brave Marc a été inhumé avec les
« honneurs militaires et religieux, et que l'éclat d'obus
« l'a tué sur le coup ; c'est un soulagement pour moi,
« qui ai vu souffrir des agonies inimaginables, de sa-
« voir qu'il n'a pas souffert et qu'il s'est présenté devant
« Dieu dans toute la splendeur de l'immolation et de son
« âme franchement bonne et honnête.

« A la maison, comme à la batterie, il ne laisse que
« des regrets, sans un souvenir qui puisse les diminuer.
« Il laisse aussi pour nous et ses jeunes frères, qui per-
« dons le meilleur des aînés, un exemple de devoir et
« de bonté.

« J'étais venu ici en permission de trois jours ; mais
« me voilà hospitalisé. J'ai la poitrine détraquée par
« les sales gaz que je viens de respirer, et je suis

« fatigué aussi par les cinquante-cinq jours consécutifs
· de bataille. Tout cela n'est pas grand'chose, mais
« veut être soigné avant l'hiver.

« Union de cœur et de prières le 18, à 10 heures. Nous
« prierons pour notre brave Marco. Je comprends
« mieux que tous ce qu'il a fait et souffert depuis
« quatre ans et l'immensité du sacrifice de ses 20 ans...»

*
* *

« Ici s'arrête la correspondance familiale de Jean.

A Clermont, maintenant, il se partage entre l'hôpital,
où il suit son traitement, les événements, par lesquels se
fixe enfin la Victoire, la vraie cette fois, telle qu'il
l'appelait ardemment aux longues heures d'attente, et
surtout le foyer désolé où il prodigue à tous le réconfort
de l'affection la plus tendre. Il démontre à tous combien
il a senti le prix du grand devoir que son frère aîné lui
a transmis dans ses dernières paroles et son dernier
baiser. Il se préoccupe de l'avenir de ses frères ; il in-
siste pour l'admission immédiate de Léo à la Conférence de Saint-Vincent-de-Paul de Massillon ; il a surtout l'obsession d'un pieux pèlerinage à accomplir sur
la petite tombe de Haute-Fontaine. Comme son état de
santé s'aggrave, il s'impatiente et prend quand même
son billet ; mais, le même soir, il est obligé de s'aliter.

Cette fois, Jean avait terminé sa guerre. Quelques
jours après, il recevait pieusement les derniers secours
religieux d'un de ses anciens professeurs, M. l'abbé
François, et l'œil fixé sur ce glorieux uniforme qu'il
avait tant aimé, il consommait, sans une plainte, le
sacrifice de ses vingt ans dans les bras de ses parents
brisés de douleur.

« Du Chef de Bataillon, Commandant le 16ᵉ R. I.,
25 octobre 1918.

« Monsieur,

« Nous sommes atterrés par la nouvelle de la mort de
« votre fils. Il avait été assez éprouvé par les fatigues

« des dernières opérations, mais rien ne pouvait nous
« faire prévoir la douloureuse nouvelle, même son en-
« trée à l'hôpital que nous connaissions, ne nous avait
« pas autrement étonnés, bien qu'elle n'eût pas causé
« d'inquiétude parmi nous. Et voilà que ce charmant
« officier si plein de vie et de jeunesse, n'est plus !

« A vous, Monsieurs, et à votre famille déjà si dou-
« loureusement éprouvée, j'adresse au nom de tous les
« officiers du régiment et au mien propre, l'expression
« de notre infinie sympathie.

« J'ai l'intime conviction que votre cher fils jouit
« d'un récompense due à son courage, à son entrain, à
« toutes ses qualités de brave soldat, et que les hommes
« n'auraient pu lui donner. Mais il vous laisse dans une
« douleur à laquelle je compatis du fond du cœur.

« Le colonel Colombat, absent depuis quelques jours,
« ne peut vous répondre lui-même, mais c'est aussi en
« son nom que je vous adresse nos très douloureuses
« condoléances. »

De l'abbé Lestrade, aumônier divisionnaire :

21 octobre 1918.

« Cher Monsieur,

« Quelle nouvelle nous a apportée hier le télégramme
« de l'hôpital n° 2 adressé au colonel du 16me !

« Nous venions de célébrer notre office solennel pour
« nos morts, si nombreux au régiment depuis le 29
« juillet, et sans le savoir nous avions prié pour notre
« cher et bien aimé sous-lieutenant, votre Jean et notre
« bon ami.

« Quelle surprise ! Quel deuil pour tous et en parti-
« culier pour moi qui l'avais vu il y a seulement quel-
« ques jours plein de vie, semblant débarrassé de son
« malaise des gaz des jours précédents.

« Quel coup pour vous, cher Monsieur, et quel coup
« pour Madame Delas ! Je ne puis qu'unir mes larmes

« aux vôtres, car vous savez combien j'aimais votre
« cher enfant, si bon, si aimable, si bien doué à tous
« les points de vue, ayant tous les attraits de la jeu-
« nesse et commençant à avoir toutes les qualités de
« l'homme mûri par les événements.

« Je suis sûr qu'il a dû faire une sainte mort, une
« mort pleine d'espérance, car c'était la bonne âme qui
« va droit son chemin et fidèle aux principes reçus
« dans la famille et au collège. Aussi, ce matin, en
« offrant au Bon Dieu pour lui le saint sacrifice de
« la Messe, c'était avec l'assurance d'être bientôt exaucé
« que je demandais au Bon Dieu de l'admettre au
« bonheur du Ciel. Mais combien dure est pour vous
« cette séparation venant après celle de votre fils aîné !
« Le tribut que vous payez à la France est vraiment
« bien lourd, et il faut tout votre patriotisme et sur-
« tout toute votre résignation chrétienne pour vous
« faire accepter de tels sacrifices.

. . . .

Enfin, de Sœur Magdelaine Dominique, Prieure des
Dominicaines du Havre.

« Mes pauvres amis,

« J'ai reçu, hier soir seulement, l'affreux télégramme
« Je le lis et le relis sans pouvoir y croire. C'est un
horrible cauchemar.

« Mon pauvre Jean ! Mon filleul que j'aimais tant !
« Est-ce possible ? Il me disait qu'il était malade.....
« Mais je n'étais pas inquiète, je le savais à l'hôpital,
« je remerciais le bon Dieu de le préserver des ter-
« ribles combats qui se livrent en ce moment, et je
« disais même qu'il devait bien souffrir de ne pas pren-
« dre sa part de la splendide marche en avant..... Com-
« ment cela s'est-il fait ?

« Depuis que la victoire est certaine, il nous la faut
« acheter au prix de toutes les douleurs ; je vois tant

« de larmes qu'il semble qu'elles sont devenues l'es-
« sence même de la vie.....

« Ma pauvre tante, mon pauvre oncle désolés, regar-
« dez en Haut. C'est là que sont les héros, les deux
« vaillants qui ont si noblement rempli leur devoir....
« Soyez fiers ; soyez chrétiens ; les jours passent ; la
« réunion est prochaine, et bientôt les grandes et
« patriotiques familles reconstituées ne se sépareront
« plus..... »

Le Dimanche 20 octobre, la Chapelle de Notre-Dame
de Chamalières était trop petite pour contenir les parents et les amis venus pour assister aux obsèques du
lieutenant Jean Delas. La messe a été chantée par
M. le Supérieur de l'Ecole Massillon, qui, avant l'ab-
soute, a commenté brièvement ce texte de Saint Paul :
« non habemus hic manentem civitatem sed futuram
inquirimus » Heb. XII.

« Combien, a-t-il dit, avec une émotion à peine conte-
« nue, je sentais la vérité de ces paroles de l'apôtre
« lorsque j'étais agenouillé avec celui de mes confrères,
« des mains duquel il a pieusement reçu les derniers
« sacrements, auprès de la dépouille mortelle du jeune
« lieutenant, pour qui la vie s'ouvrait si riante, si
« pleine d'espérance et a été subitement brisée.

« Oui, le bonheur ici-bas est éphémère, nous ne pou-
« vons en ce monde le saisir, il nous échappe, il faut
« porter les regards plus haut.

« A la veille du jour où la Victoire nous sourit, de
« ce jour longtemps attendu, où les pères et mères,
« tout à la joie, s'apprêtaient à fêter le retour de leurs
« enfants vainqueurs, voici que l'impitoyable mort
« frappe à coups redoublés.

« Les visages, un moment rassérénés par la nouvelle
« de nos succès, sentent aussitôt couler d'amères lar-
« mes, les têtes se couvrent de longs voiles de deuil.

« Dieu qui nous aime et connaît mieux que nous-mê-

« mes nos propres besoins, cueille lorsque les récoltes
« sont mûres les plus beaux épis, les fleurs les plus
« délicates, et il en orne son Paradis.

« Comment ne pas lui donner ceux auxquels il ac-
« corde la récompense éternelle ! Cependant, quelle
« douleur pour les parents ainsi frappés ! Leurs âmes
« sont brisées leurs cœurs broyés. Ah ! laissons-nous
« pénétrer des pensées de la Foi et comprenons ses
« sublimes consolations. Contenons nos sanglots, ces-
« sons de nous attrister comme ceux qui sont sans
« espérance, nos chers morts tombés en chrétiens sont
« près de Dieu, ils possèdent Dieu dans la Patrie. »

Le convoi, présidé par M. l'abbé Grangeon, se dirige
vers le cimetière de Chamalières. Là, le lieutenant-
colonel Poupon, président de la Société de secours aux
Blessés militaires, résume les états de services du jeune
lieutenant — autant de blessures et de citations que
d'années de service, — et exprime à la famille ses sentiments de condoléances..

C'est là que repose Jean Delas, en attendant qu'une
même tombe unisse les restes des deux frères tombés
glorieusement pour la France, chers à leurs parents,
estimés et aimés de ceux qui les connurent.

Nous aimons à penser que leur vie et leur mort ont
été trouvées bonnes par le Souverain Juge et qu'Il les
a unis déjà dans la gloire pour l'éternité

Qu'ils soient honorés à jamais, avec tous leurs frères
d'arme, tombés comme eux, noblement, magnifiquement, pour la plus grande et la plus belle des causes,
ces braves enfants qui ne voulurent pas de leur vivant
être appelés des « Héros », que leurs jeunes camarades
proclament déjà — leurs glorieux Anciens, — et que
nous, fils de vaincus, promus par leur sacrifice sublime
pères de vainqueurs, nous nommons simplement, mais
avec quel indicible orgueil et quel amour profond —
Nos fils !

———————

Table des Matières

Hors Texte

Imp. Moderne, Clermont-Ferrand

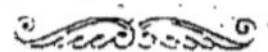

CLERMONT-FERRAND

IMPRIMERIE MODERNE

15, Rue du Port, 15